The Footprints of Progress

前行的足迹

基于优秀幼儿教师团队的差异化发展研究

龚 敏 编著

上海三联书店

目　录

序

20世纪80年代以来,教师专业发展日趋成为世界教育改革的中心议题。随着对早期教育在社会、经济与文化发展中重要战略地位的认同,直接关系到学前教育质量和学前教育改革成败的幼儿园教师素质及其促进问题越来越受到人们的关注。许多国家和地区以及一些专业的组织纷纷开始探索促进幼儿园教师专业发展的有效路径。有关幼儿园教师专业发展的内涵、构成、阶段、影响因素等理论为我们描绘了教师专业发展的可能图景。然而,只注重专业发展的结果而忽视专业发展过程的教师成长观会让我们远离教师成长的情感世界、生活世界、精神世界。有时确实当我们在探讨幼儿园教师专业发展时要跳出"惯常"的思维方式来"看"教师成长,正如我们耳熟能详,出自北宋著名诗人苏轼的诗《题西林壁》,"横看成岭侧成峰,远近高低各不同,不识庐山真面目,只缘身在此山中。"

以往的幼儿园教师专业发展的实践研究,往往容易落入"不见人,只见结果"的泥淖,成为只关注"职称"、"职务"、"评优",而没有"教师"的专业发展。在我们大力倡导《3—6岁儿童学习与发展指南》所提出的"尊重幼儿发展的个体差异"的原则时,是否也同样意识到幼儿园教师也是具有不同兴趣、需求、特长和文化背景,不能用同一把"尺子"衡量的鲜活的生命个体?是否尊重

并珍视这种差异性所蕴含的丰富性和多样性的价值？是否以
"管理即服务"的理念促进"求同存异"团队的和谐发展？

可喜的是，在这一重要的研究领域，上海市乌南幼儿园的龚
敏园长及其所带领的团队，紧紧地扎根于园所的特色和优良传
统，锐意在实践中不断地创新与改革，通过历时三年持续性的行
动研究，以富有成效，并具有很好地推广价值和意义的研究成果
向我们展示了差异化发展的理念和策略对于打造优秀幼儿教师
团队所蕴藏的内在魅力，为幼儿园教师专业发展提供了新的研
究视角和实践探索路径。

众所周知，优秀的教育理念唯有在生动的幼教实践中生根
发芽，才能够实现其潜在的意义和价值。该研究正是在理论与
实践、理想与现实之间搭建了一座沟通的桥梁。值得称道的是，
龚敏园长及其团队通过借鉴企业人力资源开发与管理等相关学
科的理论，形成了以"差异化发展"为核心的研究理念，在充分调
研的基础上把握幼儿园教师队伍管理与专业发展差异化的现状
和问题，梳理出幼儿园教师差异化发展的相关要素，在行动研究
中探寻并构建了一套内含幼儿园教师差异化发展管理、研修、评
价、保障的立体化体系，形成了优秀幼儿教师团队差异化发展的
基本战略架构，从而实现了幼儿园教师个体的最大化发展和团
队间优势互补的差异化发展目标。具体而言，研究兼顾了幼儿
园教师纵向进阶和横向差异化发展的特点，以尊重幼儿园教师
的个体发展，重视职业发展的完整历程，关注个体间的差异资源
为核心价值基点。

同时，该著作在实践层面有很多创新的做法，如通过"协调
式"的管理模式，在严把入口关的基础上，以科学完善的测评，了

解教师个体发展的模型,设定差异化的发展目标,为后期的研修、评价和支持奠定基础。通过赋权于教师,充分激发教师个体自主发展的内在动力,提升专业自治的能力。在培训环节,"三类五环式"的"泛研修"体系,开创了"在实践中学习,在学习中实践"的新模式,以分层次,多通道,跨领域的研修类型,真正落实了"专家引领、同伴互助、个人反思"的研修理念。与以往过程性和总结性的教师评价不同的是,该研究秉承并践行了美国著名的教育评价学者斯皮尔伯格的"评价的目的不是为了证明,而是为了改进"的理念,形成了"多元化"的分类评价体系,以多样化的评价主体,全方位的评价内容,动态化的评价方式,分层次的评价目标,促进教师实现"最近发展区"的跨越。教师的专业发展离不开园所的支持和团队的协作,研究秉持"管理即为服务"的理念,通过激励先导的人力资源,专业学术的资源支撑,多元视角的知识共享,团队文化的机制构建了"立体式"的保障体系。通过三年的"优秀幼儿教师团队差异化发展"方案的落实,研究团队最终打造出一支知识结构特征差异化、教学特征风格多样化、人员结构合理、人数精简积极向上的优秀教师队伍。该研究不仅为深化教师差异化发展研究提供了有益的实践探索,同时研究对"求异存同"的个体成长与"求同存异"的团队发展的反思,也为我们审慎地思考"美美与共,天下大同"的内在价值,提供了新颖的视角。

在品读该书稿的过程中,我由衷地钦佩龚敏园长及其团队严谨务实、不懈求索的研究态度,更为他们执着追求,尽心尽责的专业热忱所打动。研究中所呈现的详实而生动的案例,让我切身感受到"差异化"的发展理念所带来的蓬勃向上的力量。无论是初入职的新手教师还是临近退休的专家教师，都能在这个充满浓郁的人文气息、自由、平等、开放、团结的集体中，迸发"竹节生长"的力量，获得对幼教事业不忘初心的感动。我相信并期望在这个团队中的每一个个体，都能找寻到团队的归属感，激发生命的热情，获得职业幸福感，这不仅是研究的目标，也是教师发展的使命。

诚然，面对教育实践的广袤大地，个人的力量是绵薄的。但是我们怀有共同的信念：以有限的自我，追寻无限的真理。当我们努力追寻后，也依然可以像画家凡·高那样宣称："我在探索，我在奋斗，我全身心都奉献于此。"

姜　勇

二〇一七年二月

前　言

　　每每回首自己近 30 年的幼教生涯,心中总是暖暖的。

　　从二级幼儿园的年轻教师到示范园的园长,连接着职场岁月的那一幕幕叙之不完的故事,反观自我,我就是阶梯式教师专业发展模式下的幸运儿之所以说是幸运儿,就是因为绝大部分的教师是在年复一年、日复一日地守护在自己的班级田地之间,默默无闻地与"优秀教师""名师"等各种头衔无缘,或许她们很满足,也或许因自身的特长未被挖掘而沮丧,有的教师甚至没有过和专家面对面探讨的机会。

　　"穷则独善其身,达则兼济天下",从青涩的起步到专业的成熟,我开始对齐肩并战的同伴群体的专业发展现状陷入了深思,如何促进教师群体发展,而不是把人才培养精力聚焦在明星教师身上? 如何因人而异地挖掘每一个教师身上的资源和特长,使得教师们在合适的平台上找到专业自信? 在课程调适与创生的实践中,应该建立一支怎样的教师队伍去有效执行课程,等等。这些问题在我踏上行政管理岗位后,成为了必须直面的现状。

　　基于以上的思考,2013 年我们开展了《基于优秀幼儿教师团队的差异化发展研究》并将其研究成果梳理为著作,希望能给广大幼儿教师的专业发展带来一定的借鉴和指导作用。在陈述理论依据、实践经验与发展成效的同时,我想表述三个观点:

● 请包容而完整地看待教师的个体发展历程

任何幼教的改革、课程的实施都绕不开"教师专业成长"这个问题。这里的教师不是指几个明星教师,而是在一线的成千上万的幼儿教师,他们所经历的发展路程。从理论文献中可以看到,在上世纪 80 年代,各种幼儿教师发展阶段理论层出不穷,虽然这些理论之间存在差异,但也有一些共同特点,如:都采用生涯发展或时间序列研究思路,即将年龄作为主要参数和常模来把教师职业发展过程划分为不同阶段,强调教师职业特点是随着时间而发展变化的。又如:研究者都能完整地看待教师的整个发展历程,这是一个漫长的、动态的过程,承认其发展过程是有高潮也有低谷的。这意味着教师成长需要一定的周期,我们只能保持定力,分析当下教师的心理需求,与时俱进地去接纳教师的差异。

● 自然生长重要,有效助推成长同样也重要

随着时代的发展,教师队伍、专业发展过程中仍将不可避免地面临着人员流动、价值偏离等系列问题,但是,尊重自然生长很重要,助推成长同样也重要。正如本书中所述,我们以管理、研修、评价、保障为载体,构建起全体教师差异化发展体系,我们努力给予教师专业发展的有效支持,让不同年龄、不同个性、不同特长的教师能得到持续的发展,让每一位教师在多年后回首专业发展之旅时,仍能深刻地忆起这条充满团队智慧和深情,凝聚个体心血和勇气的发展之路。

● 把冰冷的文字标签演变成有温度的发展故事

对于一所名园,我们可以搜索到很多相关的文字资料介绍,然而所有的标签文字却不及其背后的那些充满温度的故事,从这些有温度的故事中,我们可以感觉到岁月的静好与传承的力

量。乌南就是这样一个充满着众多有温度的故事的地方，本书中"我们的故事"展现了教师在教育实践与成长过程中富有个性的审美情趣、情感体验和生活积淀；这些故事也分享了教师在乌南这片专业乐园里，和园长、同伴之间的互动所带来的所思、所想、所感、所得；从这些故事中，我们也看到了老师们的真情流露，看到了乌南名师引领、团队互助、智慧共哺的日常身影，实现的是个体与集体共同发展的"双赢"状态。

本书由四章组成，第一章围绕"起源—基于时代的呼唤"展开，论证改革是幼儿教师专业发展的外在动力，第二章提出"关注—来自现实的诉求"，在研究的基础上系统设计了本课题的实施方案。第三章是围绕着"探索—聚焦实践的行动"展开，从管理、研修、评价、保障四个方面介绍了研究的成果和实践经验。第四章围绕着团队和个体的发展，对研究进行了后续反思和展望。

这部书稿的完成离不开诸多领导、专家的指导和支持。衷心感谢徐汇区教育局领导为教师队伍发展搭建的形式多样的平台；感谢华师大朱家雄、市普教研究所劳南怡、黄娟娟等专家在研究过程中给予的前瞻性的引领；感谢华师大张明红、黄瑾、市教研室黄琼、徐则民、应彩云等专家给予乌南教师在语言、数学、社会关键经验、风格教师培养、男教师团队建设等研究平台，令我们的实践基础更加坚实；特别感谢华师大姜勇教授亲自写序，激励着我们在专业发展之路上继续前行。

感谢徐汇区教育学院张才龙、杨向谊、阎岩等课题专家对于课题方案及文稿的悉心指导，使得该研究计划具体落地、研究推进扎实有序、研究成果系统科学。感谢参与本课题研究的乌南核心人员：钱蕾、冯淑娟、姜岚、潘瑶瑶、刘嵘、陈怡、李晨，以及主要实践参与者：陈如锋、石一评、章建蓉、陈敏华、虞丽、王欢、王琦玮、郭怡婧、殷佳妮、金巾、张雅绫，在实践经验的积累以及文字的梳理和撰写方面付出的心血和努力，感谢冯淑娟前期大量的情报搜索与整理，为研究及实践奠定基础。在此一并致谢！

还要特别感谢乌南全体教工，正是由于他们将孩子的发展放在首位、扎根课堂、潜心教育的实践，才为本书增添了那么多令人感动、鼓舞人心的素材和案例，让原本严谨的课题研究过程变得幸福而温暖。

本书是乌南人集体智慧的结晶。第一、二、四章，主要由龚敏、冯淑娟执笔，第三章主要由钱蕾、姜岚、潘瑶瑶、虞丽等教师牵头分节撰写。龚敏审核修改完成全稿。由于撰写时间仓促、本人水平有限，本书还存在着一定的缺憾和不足，恳请各位读者批评和指正。

关于本书的封面设计说明如下："足迹"二字是唐朝著名书法家陆柬之的行书。他一生孜孜不倦地学习着，最初他书学虞世南，又学欧阳询，晚临摹王羲之、王献之父子。其草书笔意尤为古雅，终于成为名重一时的大书法家，与欧、褚齐名。可以说，在书法这条路上的求索精神，与本书所倡导的幼儿教师"专业自我"的境界非常契合。从色彩上来看，封面背景色中间用了一些明亮的光，给人一种积极向上、充满理想、追求梦想的感觉。一根高低不平的"飘带"是由一些不同的线组成，寓意幼儿教师存在着年龄、性别、性格等方面的差异，而每位教师的专业成长也存在着高峰和低谷，需要我们包容和完整地来看待教师的专业成长。

　　在乌南,有幅师生共同绘制的关于春回江南的作品,画上填有诗人王冕的诗句:"吾家洗砚池头树,朵朵花开淡墨痕。不要人夸好颜色,只留清气满乾坤"。诗人的原意称赞墨梅生长在其日日洗涤笔砚的池水边,每一朵开放的梅花都呈现出淡淡的墨痕,外表虽然并不娇妍,但具有神清骨秀、高洁端庄、幽独超逸的内在气质,表达一种不流于世俗、傲骨铮铮的气节。我希望通过对于这首诗的注解与领悟,来引领老师们不追求虚浮绮丽的外表,直面差异,不断注重内涵发展的专业气质。

龚　敏

二〇一八年八月

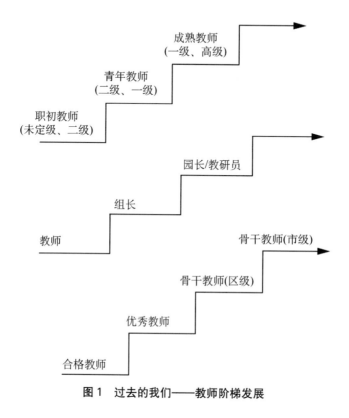

图1 过去的我们——教师阶梯发展

一名新教师踏进幼儿园后，一般而言，会沿着教师专业发展的阶梯式路线，从职称晋级、职务发展、评优等三方面从低到高逐步递进。这种阶梯式的教师专业发展路线重视教师纵向发展，忽视横向差异，重视外部干预、忽视个体自主，易造成某一群体教师专业发展的倦怠。

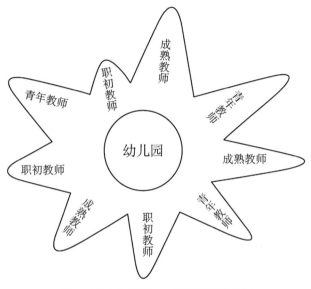

图 2　现在的我们——教师差异化发展

　　基于教师专业发展的内在资源和团队发展要求,在专业特长、职务发展、评优等第等方面,我们认为各类、各级教师都可以发挥其优势,通过在团队中组建不同平台,让教师在原有水平上各得其所,最大程度地提升教师的专业自主与从教自信。

第一章

起源：基于时代的呼唤

🍃 幼儿教师专业发展与世界幼儿教育改革是紧密联系在一起的,幼儿教育改革与发展是幼儿教师专业发展的外在动力。

🍃 教师专业化既是社会外部的要求,更是教师自身自主的追求,是内在的奋斗追求。

🍃 教师的发展是一个连续的、动态的、纵贯整个职业生涯的过程,来自教师个体的综合因素对教师团队发展具有一定的影响。

第一节 改革——幼儿教师专业发展的外在动力

幼儿教育伴随着人类社会的产生而产生，也随着人类社会的发展而不断改革和发展，幼儿教师跟其他所有教师一样是一种古老而永恒的职业。在漫长的历史长河中，幼儿教师的社会功能、素质要求和职业特征等各个方面都在不断地发生变化。

一、世界幼教改革的发展轨迹

从世界范围来看，社会化的幼儿教育出现在 18 世纪末的欧洲，但当时的幼儿教育机构具有慈善机构的性质。19 世纪初，英国空想社会主义者欧文创办了人类历史上第一所以教育为主要任务的幼儿社会教育机构——幼儿学校。1840 年，德国教育家福禄倍尔又创办了世界上第一所幼儿园。此后，随着幼儿教育理论和实践的不断丰富和发展，幼儿教育事业日益受到世界各国的重视，幼儿教师逐渐成为一种专门职业。

20 世纪是教育改革的世纪，一百多年来，幼儿教育在改革中不断向前发展，其在整个国民教育体系中的地位得到了世界各国的普遍认同。具体地说，百年幼教的改革发展历程可划分为三大阶段。

1. 19 世纪末——第二次世界大战以前：幼儿教育从"传统"走向"现代"

在这一阶段，现代大工业生产推动了整个社会的变革，对劳动者素质提出了新的要求，传统教育的矛盾和弊端日益突出，现代教育理论与实践方兴未艾，对世界幼儿教育的发展产生了深远的影响，促使幼儿教育从"传统"走向"现代"。

在幼儿教育由"传统"向"现代"转型的过程中，欧美教育革新运动发挥了最为关键的作用，涌现出了一大批现代幼儿教育思想家和实践家，如美国的霍尔（1884—1924）、杜威（1859—1952）、蒙台梭利（1870—1952）等，他们著书立说，反对固定不变的幼儿园生活和呆板的组织形式，反对幼儿园在精神上对幼儿的压抑，以自己的理论和行动阐发了全新的幼儿教育观和儿童发展观，强调：儿童的发展是有价值的，儿童的发展具有阶段性，环境是制约儿童发展的因素之一，活动是儿童发展的重要途径[①]等。

2. 第二次世界大战以后—20 世纪 80 年代："智育中心主义"的幼儿教育

"二战"以后，世界各国都重视以教育推动经济振兴和国家强盛，各国都非常重视早期教育，尤其重视学前儿童的智力开发，强调对儿童进行科学启蒙教育，皮亚杰、布鲁姆、布鲁纳等人的理论与实践研究则为其提供了重要的支撑。

这一时期，为了加强对儿童的早期智力开发，很多国家都加

---

① 李生兰. 比较学前教育［M］. 上海：华东师范大学出版社，2000. 320—323.

大了对幼儿教育的投入。例如，亚洲国家以日本为代表，20 世纪 50 年代末至 60 年代，该国赢来了战后经济的高速增长期，与此同时，包括幼儿教育经费在内的教育投资大幅度增加并超过了国民收入增长速度，教育经费一度居发达国家第二位，幼儿教育得到了前所未有的发展。除了通过加大投入来加强儿童早期智力开发外，这一时期的幼儿教育改革还非常重视教学内容的科学化和教学手段的现代化，特别注重天才教育。

3. 20 世纪 80 年代至今：面向新世纪的幼儿教育

这一时期，世界各国都加快了幼儿教育改革的步伐，而且比以往任何时候都具有战略眼光，特别是进入 90 年代以后，幼儿教育如何着眼于未来、如何面向 21 世纪，成为世界各国幼儿教育改革的共同理念。这一时期幼儿教育改革与发展呈现如下几个主要特征：

（1）幼儿教育目标的转变：以培养"全人"的幼儿教育取代"智育中心主义"的幼儿教育，纠正过去片面重视智力开发的倾向，强调以幼儿身体、认知、情感及社会性的全面、和谐、整体地发展，尤其重视幼儿社会性和情感的发展。

（2）幼儿教育功能的扩展。除了托管和教育的功能外，幼儿教育又增添了补偿和治疗的功能。[①]

（3）幼儿教育战略地位的凸显。这一点在美国尤其突出，主要表现为幼儿教育的立法保障和经费保障日益受到加强。

（4）教育质量成为幼儿教育改革的重点。幼儿教育战略地

---

① 周采，杨汉麟. 外国学前教育史［M］. 北京：北京师范大学出版社，1999. 204.

位的凸显必然引发人们对教育质量的高度关注。1983 年美国
发表了《国家在危机中：教育改革势在必行》的报告,标志着教
育改革的重点从对教育数量的关注转向了对教育质量的重视。
1998 年在英格兰地区实施"确保开端"项目,目的是"尽可能给
儿童一个最好的生命开端",主要通过儿童保育、早期教育、卫
生医疗、家庭支持四个途径实施。2000 年,新加坡学前教育
改革增添财政补贴,使得新加坡学前教育机构数量增加,以达
到让每一个新加坡幼儿都可以上、也支付得起优质的学前教
育。① 2002 年,新西兰发布了一项名为《未来之路》(Pathway to
the future)的幼儿教育十年战略计划,对幼儿教育的资金、管
理、师资、合作关系和规划五个方面进行了有效改革。

二、我国幼教改革的客观基点

回溯 20 世纪以来世界范围内此起彼伏的幼儿教育改革,所
带来的客观效应不仅有力地促进了世界各国幼儿教育事业的发
展,而且每一次都把教师推向了改革的风口浪尖,这不仅因为教
师是幼儿教育的基本要素,更因为教师是幼儿教育改革的生力
军,是改革的主体,教师素质如何是改革成败的关键。从这种观
点出发,幼儿教育的改革与发展对幼儿教师专业发展提出了客
观要求,从历次幼儿教育改革中我们可以看到,我国对幼儿教师
的基本素质要求在不断发生变化,并通过改革幼儿教师教育来
促进幼儿教师的专业发展,以帮助教师适应幼儿教育改革发展

---

① 新加坡:让优质学前教育人人上得起[EB/OL]. http:/www. csc. mti-mofcom.
gov. sg/csweb/csc. /info/Article. jsp? a_no＝215561&col_no＝132. 2014 - 9 -
18.

的需要，确保改革的顺利进行。

1. 基于幼儿教育理念的转变

中国以 2001 年颁布的《幼儿园教育指导纲要（试行）》为标志，掀起了幼儿教育改革的新高潮。这次改革的意义在于它是着眼于整个 21 世纪的，所带来的全新幼儿教育理念对每一个幼儿教师提出了严峻的挑战，教师的专业发展问题比以往任何时候都显得更加迫切，因为《纲要》的教育理念和精神的贯彻、实施关键在幼儿教师。

《纲要》一方面是在《幼儿园工作规程》精神的指导下制定的，另一方面也反映了世界幼儿教育的新理念，即：终身教育的理念、以人为本的幼儿教育、面向世界的科学幼儿教育。[①] 这些全新的幼儿教育理念的引导，助推了近 20 年来的我国幼儿教育的变革。

《纲要》对幼儿教师专业发展的诉求也必然对我国幼儿教师教育提出严峻挑战，无论是幼儿教师的职前培养还是职后研修，无论是教育行政管理部门还是幼儿教师教育机构，都必须面对和迎接这种挑战。

教育部在《关于印发〈幼儿园教育指导纲要〉（试行）的通知》中明确指出，各级教育行政部门要通过多种形式的学习和研修，使幼儿教育行政人员、教研人员、幼儿园园长和幼儿教师理解《纲要》的精神，以有效地依据《纲要》的指导思想和基本要求，根

① 李季湄.幼儿园教育指导纲要（试行）简析[A].见：教育部基础教育司组织编写.幼儿园教育指导纲要（试行）解读[C].南京：江苏教育出版社，2002.14—19.

据儿童发展的实际需要，制订教育计划和组织教育活动，进一步更新教育观念，提高教育技能。

2. 基于课程改革的冲击

课程改革是近 20 年来我国幼儿教育改革的突破口，因为任何教育理念最终都要落实到课程上来。在新的时代背景下，在我国新一轮基础教育改革的大背景下，教育部颁布的《幼儿园教育指导纲要（试行）》，预示着当今中国幼儿园课程改革将呈现如下发展趋势：课程管理的多元化、自主化；课程改革更多地将立足点放在儿童一边；0—6 岁学龄前儿童教育课程一体化；课程与社区教育和服务相融合；重视教育职业水平的提高。①

为此，为促进幼儿园教师专业发展，建设高素质幼儿园教师队伍，2011 年国家又出台了《幼儿园教师专业标准（试行）》，强调了幼儿教师是履行幼儿园教育工作职责的专业人员，需要经过严格的培养与研修，具有良好的职业道德，掌握系统的专业知识和专业技能。这也对幼儿教师的专业发展提出了更高的要求。幼儿教师作为教育教学的专业人员，要经历一个由不成熟到相对成熟的专业人员的发展历程。幼儿教师作为教师群体中较为特殊的一个团体，需要其成为"全科医生"型的人才，因此幼儿教师专业发展更显重要。

3. 基于"互联网＋"社会发展的新需求

"互联网＋教育"的时代背景也对幼儿教师的专业发展从理

---

① 朱家雄. 幼儿园课程［M］. 上海：华东师范大学出版社，2003.318—320.

念上和体制上带来了深层次影响。教育资源从封闭到开放,使得幼儿教师的教育眼界更加开阔,了解跨界知识更加便利,满足了幼儿教师的各类知识需要;教育机构从单一到多元,使得幼儿教师的学习机会增多,有利于教师在自身经历和学历上有很大的帮助;互联网的便利使得学习跨越了时间和空间的限制,也给教师提供了交流的平台。因此,幼儿教师在"互联网＋教育"的推动下需要逐步转型,幼儿园管理者也需要在这个基础上改变幼儿园教师发展模式。

第二节　专业——现代幼儿教师队伍的重要命题

回顾国内外幼儿教师教育研究,我们不难发现,对幼儿教师教育的研究首先带来的是概念的演变、观念的变更。幼儿教师开始被视为是一种专门职业,对幼儿教师的培养和研修开始转变为以促进其职业的专业化为核心。幼儿教师职业的专业化过程就是幼儿教师的专业素养形成、发展的过程,也就是幼儿教师质量的提高过程。对这一发展过程的规律性研究,被称为幼儿教师专业发展研究。

一、教师专业发展的目标

随着教师专业化运动的不断深入,为了探寻教师专业化的有效途径,人们对教师专业化的关注逐渐从教师群体转向教师个体,从宏观的政策与决策层面转向微观的过程与规律层面,在教师教育的学术视野和实践领域中,指向教师个体的教师专业发展的概念引起了人们更多的思考。目前,我们较认同的是以下两种幼儿教师专业发展的目标。

1. 学习型教师

即教师是在学习中适应与成长的。教师专业发展的本质是持续的学习,在学习中学会适应,在学习中实现与学生的共同成长,学习型教师是教师专业发展的目标之一。教师作为学习者,是终身教育、终身学习的理念在教师教育领域的体现。当前国际社会已经形成了这样的共识:一次性的师资培训体制已经不能适应时代的发展,未来使教师能够胜任时代赋予的新智能,必须使师资培训体制具有终身性。

2. 研究型教师

即教师在研究中突破与不断超越。教师的学习是为了更好地、更有效地指导学生的学习,因此,教师的学习不仅要使自己成为某一领域的专家,而且要成为这一领域的教学专家。教师不仅仅是一个学习者,更要通过学习不断突破和超越自我,成为研究者,这是教师专业发展的又一重要目标。

二、教师专业发展的内容

一般而言,教师专业发展内容主要体现在四个方面:专业理想的树立、专业知识的拓展、专业能力的提升、专业自我的形成。

1. 专业理想——教师专业发展的动力

教师的专业理想是教师在对教育工作感受和理解的基础上

形成的关于教育本质、目的、价值和生活等的理想和信念。教师的专业理想是教师对成为一个成熟的教育教学专业工作者的向往和追求，它为教师提供了奋斗的目标，是推动教师专业发展的巨大动力。具有专业理想的教师对教学工作会产生强烈的认同感和投入感，愿意终生奉献教育事业。

2. 专业知识——教师专业发展的基础

教师的专业知识是教师职业区别于其他职业的理论体系与经验系统，是教师专业发展的前提与基础。在探究教师专业知识的诸多理论中，影响力最大的是舒尔曼所建构的教师专业知识分析框架。他认为教师必备的知识至少涵盖如下几个方面：学科知识、一般教学法知识、课程知识、学科教学知识、学习者以及特点的知识、教育情境知识、关于教育的目标、目的和价值以及它们的哲学和历史背景的知识。[①] 具体而言，教师专业知识的扩展包括三个方面：一是量的拓展，即教师要不断地更新知识，补充知识，扩大自己知识的范围。二是质的深化，即从知识的理解、掌握到知识的批判，再到知识的创新。三是结构的优化，以广泛的文化基础知识为背景，以精深的学科知识为主干，以相关学科知识为必要补充，以丰富的教育科学知识和心理科学知识为基本知识边界的复合型的主体知识结构。

3. 专业能力——教师专业发展的核心

教师的专业能力就是教师的教育教学能力，是教师在教育

---

① 李玉峰. 论教师教学专业技能的核心成分及其养成[J]. 中国教学学刊,2007(1).
　74—77.

教学活动中所形成的顺利完成某项任务的能量和本领。教师的专业能力是教师综合素质的最突出的外在表现，就是评价教师专业性的核心因素。一般包括设计教学的能力、表达能力、教育教学组织管理能力、教育教学交往能力、教育教学机智、教育教学研究能力、创新能力。

4. 专业自我——教师专业发展的最高境界

教师专业自我就是教师在职业生活中创造并体现符合自己志趣、能力与个性的独特教育教学生活方式以及个体自身在职业生活中形成的知识、观念、价值体系与教学风格的总和。总体而言可以概括为三个最基本的特征：教学上自我风格、学术上自成体系、生活上乐观幸福。教师的专业自我一旦形成，就具有别人无法替代的个人独特性，将对儿童产生深刻而持久甚至一生的影响。从这个角度说，专业自我的形成是教师专业发展的最高境界。

三、教师专业发展阶段

1. 各流派的主要观点

美国得克萨斯大学学者弗娇西丝·富勒于 1969 年编制《教师关注问卷》，研究教师所关注的事物在其职业发展过程中的更迭。富勒在总结自己与助手的这一研究及其他相关研究的基础上，提出了在成为教师过程中教师关注的四阶段发展模式。她认为，"个人成为教师的这一历程是经由关注自身、关注教学任务，最后才关注到幼儿的学习以及自身对幼儿的影响这样的发展阶段而逐渐递进的"。这一过程具体包括四个阶段：教学前关注、早期生存关注、教学情景关注、关注幼儿。

以伯顿为首的美国俄亥俄州立大学的一批学者，对处在不同发展阶段的教师进行了大样本、严密有序的访谈研究，提出了教师生涯循环发展理论。伯顿认为教师发展经历了三个阶段：求生存阶段、调整阶段、成熟阶段。伯顿等人的研究以其对数据的大量收集、处理与分析为基础，在方法论上前进了一大步。但未能对教师的未来发展加以研究。

美国幼教专家凯茨将专业化幼儿教师形象地比喻为：能抓住孩子丢来的球，并且把它丢回去，让孩子想继续跟她玩游戏，并在玩的过程中不断创造出新的游戏来。幼儿教师专业是具有浓厚个人特色和自觉性的专业。幼儿教师专业化的实质内涵是幼儿教师专业知识与专业技能的提升，幼儿教师必须具备充分的自我发展的意识，必须将所有外在影响因素都内化为个人发展的动力，这样教师的专业素质才能得到全面的提高。她把幼儿教师的发展分为四个阶段：求生存时期、巩固时期、更新时期和成熟时期。

之后，费斯勒在观察、访谈和典型调查的基础上，结合对成人发展和人类生命发展阶段等研究的文献分析，提出了整体、动态的教师生涯循环论。费斯勒将教师的发展分为八个阶段：职前教育阶段、引导阶段、能力建立阶段、热心和成长阶段、生涯挫折阶段、稳定和停滞阶段、生涯低落阶段、生涯退出阶段。费斯勒还考察了影响教师职业发展的因素，确定教师专业发展受到教师个人及其职业背景两方面因素的影响。其中个人环境因素包括家庭因素、积极的关键事件、生活中的危机因素、个人脾气或气质因素、嗜好等；职业背景因素包括幼儿园规则、管理类型、公共信任、社会期望、专业组织和社团组织。

司德菲在费斯勒等人研究成果的基础上，提出教师生涯的人文发展模式。司德菲将教师的发展划分为五个阶段：预备生涯阶段、专家生涯阶段、退缩生涯阶段、更新生涯阶段、退出生涯阶段。司德菲提出，教师在更新生涯阶段，可采取积极应对措施度过低潮，转而继续追求专业成长。这无疑对费斯勒理论是一种超越。因此，司德菲教师生涯发展模式比其他模式更完整、真实地描述了教师发展的历程。

2. 各流派的共同特点

我们可以看出：在富勒之后，更多研究者参与教师发展阶段的研究，特别是在 80 年代，各种教师发展阶段理论层出不穷。这些理论尽管存在差异，但也有一些共同特点。

首先，都采用生涯发展或时间序列研究思路，即将年龄作为主要参数和常模来把教师职业发展过程划分为不同阶段，强调教师职业特点随着时间而发展变化。

其次，都承认教师发展过程中的个体差异，在此基础上提出对更多的个别化研修的需求。例如，要求随着时间的变化给予教师不同的支持；在设计适当的研修方法上，考虑教师当前的需要和兴趣。

最后，随着对教师发展研究的逐步完善，研究者都能完整地看待教师的整个发展历程，这是一个漫长的、动态的过程，承认其发展过程是有高潮也有低谷。

四、幼儿教师专业发展新理念

近些年，各国纷纷开展了学前教师教育的改革，出现了一些新的变化和转向，特别是对幼儿教师的专业发展有了新的思考与认识，并取得了若干重要的共识。

1. 重视幼儿教师的自主发展

重视幼儿教师的专业自主发展和自我更新业已成为许多国家学前教育改革的共识。自主性是教师专业发展的本质，它意味着教师对自己的专业发展负责。幼儿教师自主发展不仅包含传统含义，而且包含专业自主，教师能够独立于外在的压力订立适合自己的专业发展目标、计划，选择自己需要的学习内容，有意愿和能力将所定目标和计划付诸实施。幼儿教师不是专业发展的"被动接收器"，而是个人自愿、自觉的行动。可见，"自主""自我更新""自觉"已成为当前幼儿教师发展的关键词。

2. 关注幼儿教师的工作现场

工作现场是教师成长最适合的场所，幼儿教师的学习根植于每日的教学活动中，其教育能力与实践智慧往往能从教学现场中逐渐产生。因此现场经验在近年被视为教师教育中最为核心的组成部分。现场主要由三部分构成，一是行动情境，二是社会专业化情境，三是监控情境。行动情境是幼儿教师面临的真实的课堂教学中的实际情境；在社会专业化情境中，职前教师"通过参与教学以及教学共同体中的指导教师、同伴的交流，逐渐认识到如何做好教师"；社会监控情境也是真实教学情境中的重要方面,即当教师在整个现场经验过程中投入到行动情境、社会—专业化情境中时,他们就与同事发生了重要的联系。

3. 提升幼儿教师的实践智慧

很多国家的学前教师教育改革不仅重视教师的知识与技能,而且更为关注幼儿教师在教育现场中的教育机智与智慧。他们认为,幼儿教师要掌握的不只是教学知识与技能,更是教学的艺术与智慧。教学的艺术往往不是通过传授而形成的,它需要教师对其教育实践活动的持续反思与提升。为此,教师教育必须转变,从知识论的培养观转向实践智慧的培养观。

4. 注重幼儿教师的人文关怀

新的教师发展观不仅重视幼儿教师知识与技能的掌握、教学智慧与实践机智的形成,而且关注其良好的人文关怀精神。传统课程教学中最大的弊端是对师生之间情感沟通、互动交往的忽视,缺乏对儿童的情感交流。为此,新的教师专业发展,必须关注教师和儿童之间的关系,建立一种真诚的情感互动。

第三节　差异——幼儿教师专业发展的内在资源

现实中的幼儿教师都是千差万别、各具特色的,不同幼儿教师个体身上彰显着不同的精神气质和个性,这种差异是幼儿教师专业发展的内在资源,基于团队发展要求、其自身内在需求而实行差异化发展才能最大程度地发挥教师能力与自信,使教师更有获得感。

一、影响差异发展的因素

差异化发展是遵循"以人为本"的教师发展原则，运用专业引领策略之一，即利用差异实现发展。其符合幼儿教师自身发展的有质量的专业化发展研究，应基于教师的差异现状，寻找每位教师自主发展的突破口，强化差异，改变教师成长自上而下、整齐划一的统一指导模式，倡导幼儿教师差异发展。

幼儿教师专业发展的影响要素包括年龄、教龄、能力、动机等因素。各因素对于教师的专业发展具有不同的影响。

1. 性别、年龄差异

性别因素是幼儿园影响教师专业能力发展的主要因素。幼儿园教师性别分布的典型特征是女性教师居多，男性教师较少。对于男教师而言，通常不会陷入人际关系方面的困境，而积极地投身于有质量、有针对性的继续教育，对于自身的专业能力发展有着最重要的意义；而对于女教师，由于工作环境中的女教师居多而带来人际交往问题和形成的多样人际关系，会通过影响园所教师文化、形成教师间多样的协作方式，最终在影响各项工作和任务完成的过程中对幼儿教师专业能力的发展产生影响。[①]

在教师各基本情况维度上的差异比较有研究证明，年龄与专业成长动机之间具有一定的关系。年龄对教师专业成长动机

---

① 付静雯.幼儿园对幼儿教师专业能力发展影响的研究，沈阳师范大学硕士研究生论文，2014.5.

的影响表现为随着年龄的增大,动机水平有下降的趋势,而无动机水平却有所增强。[①]

2. 教龄差异

有研究指出,教龄在团队发展过程中起着重要作用。发现和想象新颖且有趣问题的能力是团队发展所必需的。现在研究者认可在实际的团队中,资历差异的教师都会共同作用促进其的创新表现,教龄丰富的教师更倾向于产生主动性创造,而资历不足的教师更倾向于产生反应性创造。

另外,有研究表明,1—3 年教龄段幼儿教师与 7 年以上教龄段幼儿教师的专业发展水平差异显著;4—6 年教龄段幼儿教师与 7 年以上教龄段幼儿教师的专业发展水平差异显著。7 年以上教龄段的幼儿教师分别与 1—3 年教龄段和 4—6 年教龄段幼儿教师的专业发展水平差异显著,而 1—3 年教龄段幼儿教师与 4—6 年教龄段幼儿教师的专业发展水平不存在显著差异。方差分析后的多重比较表明,7 年以上教龄的幼儿教师专业发展水平最高。[②]

3. 能力差异

能力是人的一种心理特征,是一种在顺利或成功地完成任务的过程中表现出的特征。专业能力就是相对于从事任何活动

---

① 姬会会.董银银,幼儿教师专业成长动机的调查研究——以中部某省部分幼儿教师为例,当代学前教育,2009 年 1 月

② 乔中彦.广州市农村地区幼儿园教师专业发展影响因素之研究.广州大学硕士研究生,2011 年 5 月

都需要具备的能力。幼儿教师的专业能力就是幼儿教师在其专业活动中所体现出来的能力。

心理学者李孝忠将教师的专业能力分为一般能力和教育能力。一般能力包括记忆力、观察力、思维能力；教育能力包括思想品德教育能力、教学能力、组织管理能力（卢正芝，洪松舟，2007）。无论是国内还是国外对教师专业能力的研究都非常重视教师的教学能力、教育科研能力和反思能力，尤其是国外特别重视教师自我发展的能力。[①] 综合国内外众多学者的研究成果，并结合当前上海的新课程改革，我们认为，幼儿教师的专业能力是其在幼儿园教育教学实践活动中所表现出来的教育教学能力的总和，主要包括以下几个方面：教育教学的能力、创设利用环境的能力、观察了解幼儿的能力、开展家长工作的能力、教科研的能力。

一般而言，教师的专业能力具有显著纵向差异。其中，刚入职的教师一般专业能力普遍偏低，这与新教师缺乏教学经验有密切关系，由于缺乏经验从而底气不足，影响到表达能力水平低，同样由于缺乏经验，从而在班级组织管理能力和评价幼儿能力水平也较低，而这一阶段教师缺乏坚定的教育信念和强烈的育人责任心。而临近退休的教师虽然表达能力因年龄原因可能反应不及年轻教师敏捷，但由于多年来积累的丰富教学经验便成熟教师在组织能力和评价能力方面表现出较高水平。

----

① 刘晓青.上海某区公办幼儿园教师专业能力发展现状及其影响因素的研究,上海师范大学硕士论文,2011 年 3 月.

4. 动机差异

诸多学者在对幼儿教师专业发展影响因素进行分析时,主要从幼儿教师自身、校外(社会政府)以及校内(幼儿园管理)三方面进行考察。幼儿教师的成就动机是影响其专业成长的内部核心因素,幼儿园的有效管理是影响幼儿教师专业成长的外部核心因素。[①]

动机是激发和维持个体进行活动,并导致该活动朝向某一目标的心理倾向或动力。工作动机指的是一系列激发与工作绩效相关的行为,并决定这些行为的形式、方向、强度和持续时间的内部与外部力量。有研究表明,教师的工作动机和对工作的投入,是随着年龄和任职年限的增长而变化的。入职动机坚定的人,并不一定意味着他将永远保持这种工作动机。据调查,教师尤其是初任教师的工作动机很容易受到其实际的专业活动自主程度、学校对教师的专业支持和帮助、与学校领导或同事教育观念的兼容程度等因素的影响,在其中某些因素的作用下可能最终会导致教师离开教师工作。一般来讲,教师的工作动机从外部看来自于幼儿、家长和领导的评价,从内部来看来自于自我实现的要求。[②]"教师职业是一个特殊的职业,它不仅关乎教师自身的未来发展,对学生未来的影响更是长远而不可逆的,所以尤其需要建构坚实的职业认同。"[③]

[①] 吴荔红. 试析影响幼儿教师专业成长的核心因素[J]. 幼儿教育,2005(9):44.

[②] 翟艳. 天津市幼儿教师专业认同现状的调查与分析. 教育探索. 2013.2

[③] 傅道春. 教师的成长与发展[M]. 北京:教育科学出版社. 2001 年版,p. 121—123.

二、提出差异管理的命题

如今,我们所处的社会是一个多元化的社会。多元化的特征在各行各业、各个领域表现为组织中的个体因不同原因而表现出来的差异性,这种个体差异意味着组织领导在管理方式上也应有所不同。幼儿园内部会因教师的个体特征、文化背景、受教育程度、工作年限、专业能力以及多元化价值冲突等方面存在差异而产生冲突,造成组织绩效下降。主动尊重和适应个体差异可以提高组织的创造力、革新速度、灵活性,使组织做出高质量的决策,从而将个体差异转化成组织生产力。因此,对教师进行有效的差异管理,让每个教师充分发挥其才能,既是对幼儿园管理者管理才能的锤炼,也是提高幼儿园管理效能和组织运行绩效的有效方法之一。

为此,就一个幼儿园而言,需要统整各层面的幼儿教师资源,组建不同平台,让各类幼儿教师在原有水平上各得其所,以充分发挥教师在园本研究中的引领作用,保持幼儿园特色高位的优势发展。在幼儿教师差异化发展的专业成长过程中,需要以"资源共享、优势互补、共同发展、彰显特色"的宗旨,通过互动交流,将优秀幼儿教师的教育理念、优秀团队的管理模式、优秀班级的优质资源、优秀课题的教育科研等,辐射到相关的不同对象,共同提升每位幼儿教师的教育教学水平。

幼儿园教师差异管理,作为推进幼儿园教师管理改革发展进程的新视角,既是科学管理理念与幼儿园教师管理实践的有机结合的体现,又是人本主义思想在幼儿园教师管理实际中的有效渗透的召唤;是培养和提高基于各种发展水平的教师,不同层次地提高幼儿园教师专业素质和专业水平、促进幼儿教师专业化成长的有效途径。

第二章

关注：来自现实的诉求

🍃 每一个教师在专业发展中都经历着从职初到成
熟的完整发展历程,每一个阶段都存在不同的需
求和困惑。

🍃 团队中的每一个个都存在着与生俱来的和后天
影响产生的差异。

🍃 基于教师个体之间的差异,应尊重、理解幼儿教
师专业个体发展的不同需求。

　　基于改革和社会的发展，以及幼儿教师专业发展新理念的引领，我们关注到教师群体和个体的差异资源，从幼儿园的实际背景出发，围绕着核心理念和价值，设计了有效推进《基于优秀幼儿教师团队的差异化发展研究》的实施方案。

第一节　概念界定

　　核心概念是影响研究和实践推进的一个关键要素，为此我们紧紧围绕着以下核心概念展开，并系统设计实施路径。

一、优秀教师

　　优秀教师是指除了具有好学习、善思考、重积累和勤反思的认知特征外，还具有鲜明的优秀的人格特征，这就是认真、执着、有正确的自我意识、永不满足，不断进取的精神。[1] 优秀教师成长过程规律如下：优秀教师成长过程是其敬业精神形成并发挥作用的过程；优秀教师的成长过程是一个不断学习、不断实践、不断创造的过程；优秀教师的成长过程是一个不断实施自我监控的过程；优秀教师的成长是其教学素质和能力不断提高，个性趋向成熟的过程。[2]

---

[1] 黄娟娟主编.优秀幼儿教师教育行为研究.上海：上海教育出版社,2002.
[2] 张燕著.幼儿教师专业发展.北京：北京师范大学出版社,2006.

二、优秀幼儿教师团队

本研究中的优秀幼儿教师团队是立足于幼儿园教师队伍的整体优秀而言,是具有很强的个性特征及其教学风格的群体,不是单指某一个体教师的优秀,而是指通过幼儿园的机制保障,让每个教师谋其位,扬其长,从而整合成幼儿园教师队伍的整体优秀。

三、差异化发展

幼儿教师的差异化发展是指基于教师差异,寻找每位教师自主发展的突破口,利用差异,改变教师成长自上而下的指导模式,实现教师的整体优化发展。具体来讲,幼儿教师的差异化发展是多元发展,允许教师根据自身特色走不同的发展道路,形成特色的专业发展风格;注重幼儿教师的主动发展,将教师被动消极的发展转化为教师积极主动的自觉行为;差异化发展需要老师的和谐发展,虽然凸显差异,并不是仅倾向于个体,更需要在发展过程中营造良好的团队氛围,注意团队和谐发展。

第二节　幼儿教师专业发展中的主要问题

如今面临时代转型、幼儿教师专业化内涵发展的新挑战,新需求,如何理解与重构幼儿教师专业发展体系,以适应个性化专业化的幼儿教师发展需求是我们当下的首要问题。

一、轻视个性化专业研修需求

现存幼儿教师研修中存在着内容统一,目标一刀切的现象,形式单调乏味，缺少针对性，成效不大。有调查研究证明，对幼儿教师的专业支持采取大一统的方式，支持偏重静态知识专业理论的讲授，忽视幼儿教师自主学习、问题研究、交流对话习惯的养成；忽视个别幼儿教师对于提升教育观念在不同教育情境中的具体运用能力的需求等。[①] 从这些研究结果可以看出，研修忽视幼儿教师个性化的专业发展需求，偏重应然要求，忽视教师专业发展实际水平与实际需要，难以满足不同专业水平幼儿教师的需要。

二、忽视专业研修的时代性和开放性

幼儿教师研修内容更多地聚焦在幼儿教育专业，研修形式比较单一，师资研修受教育理论创新跟不上、研修教材缺乏等因素制约，主要还是针对传统的知识和现有的职业技能进行研修，缺乏创新性和实践性，不能满足教师适应新世纪知识更新的要求。师资研修方式简单，主要以讲授式教学、园本教研、网络研修为主，出去到国外和国内先进办园机构进行实地交流的机会不多，研修主要是幼儿园、研修机构自发的行为。

三、忽略专业研修过程中的"文化养成"

通过近年的师资研修中发现有忽视教师文化养成的倾向。教师教育改革，往往定位于如何改进教师的教学技能，增强教师的专业学识，这是一种工具理性、标准划一的教师成长观。我们在推进教师教育改革中，借鉴了国外很多先进的经验，但是结合

① 申毅、王纬虹. 幼儿教师专业发展[M]，西南师范大学出版社，2009 年 1 月.

自身传统与文化特点的考虑则相对较少,对教师的人文伦理精神也缺乏关注。教师的研修不仅仅是把知识和技能传递给未来的教师,更重要的是要引起他们个性品质、价值观、信仰、思维方式和行为的改变,要重视教师的文化养成。文化养成不仅能帮助教师沉淀文化底蕴、历练人文品性,而且可以改变教师的信念、人格、态度和价值观,其意义重大。

第三节　理论研究对教师差异化发展的启示

一、企业界对员工差异管理的研究

1. 关于差异化管理的概念研究

20 世纪 60 年代末至 80 年代末,人们开始承认人与人之间的各种各样差异。进入 90 年代以来,环境的变迁使人们不仅承认差异,而且开始尊重差异,并逐渐认识到存在差异是好事。①

差异管理是企业为谋求竞争优势围绕差异化战略所采用的资源配置方式,其"独特"之处在于解决的不是企业面临的一般性问题,而是在与竞争者共市场、同环境的情况下,解决深层次的结构化问题;其"稀缺"之处在于力图通过创造出显著的战略差异性,改变企业之间的游戏规则,并依托独出心裁的管理模式,创造出持续的非对称性竞争优势。R·韦恩·蒙迪等认为,"差异"指人们任何可观察到的差异,如年龄、职业特长、专业、性

---

① 【美】R·韦恩·蒙迪,罗伯特·M·诺埃,人力资源管理[M]. 葛新权等译,北京:经济科学出版社,1998:42.

别、地域、生活方式、在组织里的服务年限或职位等。[①] 哈罗德·孔慈指出："对员工的一视同仁是一种不公平的现象，任何组织内的管理者必须对所属员工用心进行了解，实行差异化管理，最大程度地发挥员工的能力，从而给企业带来最大的效益。[②]

2. 关于差异化管理价值的研究

英国学者诺斯古德·帕金森等著的《不可不知的管理定律》中谈到一条定律就是"差异化生存法则"。我国学者谢进川写的文章《关于差异管理的理论探讨》从经济管理的视角，阐述了差异化管理本质上是建立在多元思维基础上的精致管理。[③] 浙江工商大学副教授余琛老师在《企业人才差异化管理》一文中指出：在同一个企业内，不同的人做出的贡献有很大的差异，主要是因为人力资源具有差异性特征。无论是资本、土地还是其他有形或无形的企业资源，它们的差异性都没有这样明显。而人力资源区别于其他资源的最显著特征之一就是差异性，要"因才施管"，即做到差异化管理，才能提高管理绩效。[④]

二、教育界对教师差异管理的研究

20世纪组织研究的初期，随着人力资本理论的产生，"以人为本"的管理思想开始盛行并在企业组织中运用，在此影响下，

① 【美】R·韦恩·蒙迪，罗伯特·M·诺埃，人力资源管理[M]. 葛新权等译，北京：经济科学出版社，1998：42.
② 张利，高效管理的96条法则，北京：九州出版社，2004.132.
③ 谢进川，关于差异管理的理论探讨，理论前沿[J]. 2005.23.
④ 余琛，企业人才差异化管理，中国人才[J]，2001.1.

教育家们也将研究的重点从组织结构转移到教育组织中的人力
资源管理，他们逐渐意识到，教育中的人力资源管理是一种旨在
实现教育使命——教育儿童和年轻人的社会过程。[①]

1. 关于教师差异化评价的研究

美国卡罗迪·丹尼尔森和托马斯·麦克格林认为："幼儿园
和学区必须根据教师的专业需要设计出有差异的评价体系。"这
个评价体系包括三个层次，针对新手、针对有经验的幼儿教师以
及需要集中帮助的幼儿教师。[②]

庞荣瑞（2005）则是在自己的研究中营造出走向校本、走向
多元的具有人文色彩的、适应教师发展的管理环境，并从五个角
度建构辅助性评价机制：从师德、教科研、课堂教学、班主任工
作、教育教学成果进行评价。[③]

郭清娟（2007）认为，教师发展的差异性是一种客观存在。
不同的教师评价观对教师个人专业发展的导向作用是不同的，
在审视教师发展差异性的基础上，倡导一种基于教师个体之间
的差异、促进教师专业发展的差异性教师评价观。[④]

2. 关于教师差异化管理策略的研究

不少学者对教师差异化管理策略的制定提供了理论依据。

① 【美】瑞布著，教育人力资源管理：一种管理的趋向[M].褚宏启等译，重庆：重庆
　　大学出版社，2003：1.
② 【美】Charlotte Danielson & Thomas L. McGreal 著，陆如萍等译，幼儿教师评
　　价：提高幼儿教师专业实践能力，北京：中国轻工业出版社，2005，27.
③ 庞荣瑞.基于发展差异性的教师多元评价策略[J].江苏教育，2005(9)：18—20.
④ 郭清娟.教师发展的差异性与差异性教师评价[J].现代中小学教育，2007(8)：
　　51—53.

罗祖兵、顾显红认为，教师管理的有效策略是，首先要"确立梯度：对教师进行分层"，"将教师分为如下的四个梯度：新手型教师、职业型教师、专家型教师和研究型教师"。"由于学校教师在专业成熟水平上呈梯度分布……如果静态地看，全校所有教师在一定时间内均分布在这四个阶段中。"①广州市海珠区汇源大街小学林秋玉校长在《教师管理要"因人而异"》中指出，教师跟学生一样，也存在着能力、性格、情感、行为习惯等方面的个体差异，管理者应该尊重、理解教师的这种独特性。②邓玉明等（2008）在《如何使教师实现异步、错位发展》一文中认为，差异化管理是一种以人为本，尊重员工的个性特点，以使学校规章制度能落实到每个员工身上，使全体员工的积极性都得到充分调动的管理方式③。

　　同时，也有不少学者对教师差异化管理策略的内容进行了解释。庞荣瑞（2005）在《差异：引领教师专业发展的重要资源》一文中指出，利用差异是专业引领策略之一。④学校可以通过正式组织搭建不同的平台，让各类教师在自己原有的水平上各得其所，也可以营造一定的氛围，让学校的非正式组织得以生成或壮大，以充分发挥精英群体在校本研究中的引领作用。楼朝晖（2011）在《差异化管理：助教师个性化发展》一文中认为，教师差异化管理是促进教师成长的一种比较理想的模式。基于差

---

① 罗祖兵、顾显红，梯度协商：校本教师管理的有效策略，教学与管理，2004.5.
② 林秋玉，教师管理要"因人而异"，教育导刊[J]. 上半月 2005.6.
③ 邓玉明，蒋成林，李国华. 如何使教师实现异步、错位发展[J]. 教育理论与实践，2008(18).
④ 庞荣瑞. 差异：引领教师专业发展的重要资源——兼与余文森教授商榷[J]. 江苏教育，2005(9A)：25—27.

异,寻找每位教师自主发展的突破口;强化差异,改变教师成长自上而下的指导模式,建立"自主申报项目制度""基于兴味的项目团队招募"等支持系统;共享差异,在学校里营造一种教师之间互相学习,互相借鉴的发展氛围。①

三、理论与实践的启示

1. 理论启示:幼儿教师专业发展具有纵向差异

从国内外研究看,虽然各种研究所秉承的理论基础不同,对幼儿教师专业发展阶段认识和划分上也存在差异,但也有诸多共同之处。这些共同之处均显示着幼儿教师职业阶段的纵向差异特征:一是幼儿教师作为一个教育教学专业人员要经历一个由不成熟到相对成熟的发展历程,幼儿教师专业发展是一个动态的持续的贯穿整个职业生涯的过程,各个阶段都有其典型特征和发展任务。二是能完整地看待幼儿教师的发展历程,将职前师资培育与在职幼儿教师的发展联系起来,视为一个连续的过程,并且凸显了教师在不同发展阶段在专业表现水平、专业需求和专业信念等方面具有明显的纵向差异性。三是幼儿教师发展是持续的、终身的,教师必须终身学习,不断改善自我专业素质。四是幼儿教师专业发展的目的在于使自身不断适应变化着的教育教学环境,不断拓展知识,增长能力,从而胜任其角色,实现从合格教师到优秀教师或学者型教师的转变,以达到专业成熟和自我实现的境界。

---

① 楼朝辉.差异化管理:助教师个性化发展[J].中小学管理,2011(3):55—57.

2. 实践启示：重新审视幼儿教师的差异化因素

幼儿教师职业阶段论的划分体系是开放的，不管哪一种阶段论，都是尝试给幼儿教师提供一个最佳的发展条件，其出发点基本是一致的。我们不能简单、机械地根据教师的工作成绩、专业能力、工作态度、工作年限、学历、性别、年龄等因素中任何一个因素，孤立地来认识教师的差异；反映幼儿教师差异的更不是其中几个因素的简单相加；我们更不能简单地认为依据以上某一个或几个指标，将幼儿教师进行分类或分层管理。所以需要重新审视幼儿教师差异化的因素，在充分分析个人需求和个性化职业特征的基础上，为教师个人量身定制适合专业发展的充分成长的激励、支持系统，以达到有目标、有规划的教师差异化管理。

同样，在实践调查中发现，探寻影响幼儿教师差异化发展的相关因素中存在有一些问题，如：幼儿教师差异化管理制度不健全、教师在管理中主体性未得到充分重视、教师差异资源开发与幼儿管理实际脱节、缺少系统科学的教师差异资源规划和教师差异化培训等。

第四节　我们的研究

乌南幼儿园的《基于优秀幼儿教师团队的差异化发展研究》是上海市教育科学研究 2013 年度的立项课题，历经三年多的理论学习与实践研究，我们是这样做的。

一、研究推进

1. 研究对象

本研究的研究对象是乌南幼儿园全体教师以及区内其他示范园、一级园教师,研究时间为 2013 年 6 月到 2016 年 11 月,历时三年多。研究采用了文献法、调查法、访谈法、案例法的研究方法。

2. 研究目标

本研究旨在通过幼儿教师队伍管理与专业发展的差异化现状调查,探寻幼儿园教师差异化发展的相关要素,在行动研究中探讨幼儿教师差异资源开发与管理的方法体系改进,探寻保障幼儿教师差异化发展的管理机制,形成优秀幼儿教师团队差异化发展的基本战略架构,从而促进教师个体的最大化发展和教师个体之间的优势互补,最终实现幼儿教师团队的整体优势和整体发展。

3. 研究方法和过程

在具体推进过程中,我们首先通过查阅、研究有关教师专业差异化发展的文献资料,了解国内外在幼儿教师差异化发展探索方面的研究动态,借鉴有关的教师专业发展策略;以我园以及区内外园教师为研究对象,对教师不同群体进行专业差异性现状的问卷调查,了解到教师个体专业特长现状以及专业发展需求;同时采取访谈法:通过个别访谈和集体访谈的方式,倾听教师的心声，了解不同教师的专业发展需求。在行动研究法中，和园本研修、项目组活动、带教团队等密切配合，设计不同人群的差异化发展的内容、形式、培养方法、途径、运作机制等，以理论联系实际的方法进行分析、诊断，促进教师对自身专业提升的行为不断反思，调整和改善支持教师差异化发展的方案和支持策略。同时，还开展教师差异化发展的案例研究，提炼不同层次教师发展的策略，撰写指导教师差异化发展的案例集，梳理其经验，凸显自身在差异化发展过程中的生长和发展。

二、研究基点

研究表明，优秀幼儿教师团队表现为知识结构特征差异化、教学特征风格多样化、人员结构合理人数精简几方面。优秀幼儿教师在教学实践中，能够将普通的文化知识内化到个体知识结构中，并且在积极掌握广博的人文科学及跨学科知识的基础上，形成自己差异化的知识结构。优秀幼儿教师在日常教学中能设计出充分体现自己教学风格的教案，在对教材深入分析研究的基础上，对其进行高效的处理。在复杂多变的客观环境中，优秀幼儿教师团队比传统的层级管理部门结构更灵活，反应速度更快。优秀幼儿教师团队在人力资源管理方面可以做到确保人员结构合理、人员配置有效，并具有合理的专业结构和年龄结构。我们有理由认为本园幼儿教师群体已具备优秀幼儿教师团队的特征。具体表现为：

1. 专业知识结构差异化

通过对教师专业背景分析，发现教师的专业结构在以往的清一色的学前教育专业的基础上,教师专业背景逐渐多元发展。现在在园的 50 多名教师中,除学前教育专业背景外,也有教师兼修艺术、信息、英语等专业背景,有教师来自本土教育,也有教师为海归留学生、境外人士等。因此,幼儿教师专业背景多元,教师群体的知识结构也更加多样化,这也保障了幼儿教师差异化发展的有效实施。

2. 教学特征风格多样化

幼儿园基于教师的不同专业背景及教学特长,开设了选择性活动、项目组自治等专业发展项目,通过团队智慧共享和实践提升,其教学特征也逐渐呈现百花齐放的多样性。如:十多项教师项目组研究涉及中国书画、小厨房、创意美劳、英国 SAW、建构等,教师在参与中自身的教学特长得到发展,且多名教师获得教育教学、科研论文、演讲、舞蹈、科技等方面的奖项,园所在实践中通过逐年的学期课程统整,也使园本化课程方案不断丰富和完善。

3. 团队人员结构合理化

在人员结构上,园部始终关注人力资源的合理规划,根据人员年龄结构缺失以及发展需要来合理设置新的招聘人员,从而有效保证了人员结构的合理化现状,使教工保持着活力和张力。目前,我园 30 岁以下青年教师占 27％,30—39 岁的教师人数占据 41.7％,40—49 岁的教师占据 27.1％,50 岁以上的教师占据 4.2％,平均年龄 34 岁。1/3 的教师为区、园级骨干教师。这也说明,一支有着活力和创造力的团队在年龄层次上是需要规划的。

三、核心价值

本课题的研究在理论和实践两个方面都有比较重要的意义。从理论上看,在合理借鉴企业人力资源开发与管理理论和其他相关学科理论的基础上进行实证研究,从而发展和完善幼儿教师差异化发展理论。从实践上看,可以引起幼儿园管理者对教师差异化发展改进的重视,自觉提高自己的管理能力,从而增强幼儿教师差异化发展的有效性。

为了更好地实现理论和实践两方面的价值,我们基于以下三点核心价值,开展全面系统的实践研究。

1. 尊重幼儿教师专业的个体发展

幼儿教师不仅存在着年龄、性别、地域和生活方式的客观差异,还存在着职业特长、能力、性格、情感、在组织里的服务年限和岗位等方面的差异。基于教师之间个体的差异,尊重、理解幼儿教师专业个体发展的不同需求,实行优秀幼儿教师团队差异化发展是很有必要的,通过差异化的管理能最大程度地满足不同教师专业个体发展的需要。

2. 重视幼儿教师专业发展的完整历程

差异化发展遵循着以人为本的教师发展原则,每个幼儿教师在专业发展中都经历着从职初教师到成熟教师的完整发展历程。在幼儿教师专业发展的完整历程中,教师存在着不同的专业发展需求和困惑,差异化发展允许教师在发展中存在低谷和高潮。实行优秀幼儿教师团队差异化发展能重视教师专业发展的完整历程，能更好地帮助教师突破低谷，鼓励其充分地张扬自己的个性，加速幼儿教师的专业发展。

3. 关注幼儿教师专业发展的差异资源

优秀幼儿教师团队中的个体存在着与生俱来的和后天影响产生的差异，利用差异是专业引领策略之一，应关注优秀幼儿教师团队成员中存在的丰富差异资源，充分利用个体差异的优势，让不同教师在自己原有的水平上各得其所。当优质的差异成为资源后，幼儿园则通过搭建不同的平台让每一个幼儿教师个体得到专业发展，实现个体差异化发展的同时也促进了幼儿园特色优势的发展。

第三章

探索：聚焦实践的行动

🌿 在团队趋于成熟阶段，以"协调式"管理方式推进
教师差异化发展会更有效。

🌿 研修体系以教师专业发展为价值取向，整合各种
发展资源，形成独特而适合的研修模块，满足教
师的个体发展需要。

🌿 多元化的分类评价有助于增强不同层面教师发
展的专业自信。

🌿 外部支持是幼儿教师差异化发展必要的、有效的
措施。

🌿 积极而富有创意的团队氛围是教师个体保持积
极向上、持续发展的不竭源泉。

　　基于幼儿教师团队存在差异的客观情况以及差异因素对团队的影响，我们设想通过幼儿教师差异化发展管理、研修、评价、保障体系的立体构建，通过四种体系的运作和相关促进，共同交织出我园教师差异化发展体系。如图 3 所示。

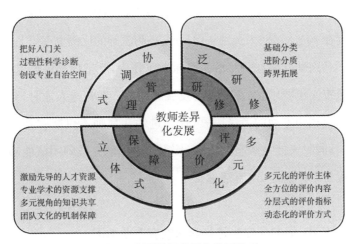

图 3　我园教师差异化发展体系

第一节　"协调式"的管理推进

　　协调式是幼儿教师团队管理的高级模式，适用于团队发展的成熟阶段，它强调幼儿教师成员的道德自律，和对团队的自觉依附。[①]在协调模式中，幼儿教师团队领导者的控制力弱，团队成员的自

---

① 余红. 中小学教师团队研究. 福建师范大学硕士论文，2008 年 6 月.

主管理控制程度达到最高。整个幼儿教师团队的管理比较到位,领导者不需要事无巨细地参与到所有管理决策中。我们是这样进行"协调式"管理推进的。

一、把好入门关

人力资源供给预测是预测未来某一时期,组织内部能供应或可由外部提供的一定数量、质量的人员,以满足企业为实现战略目标而产生的人员需求。近年来,乌南幼儿园教师的平均年龄始终控制在33—35岁;人员结构保持平衡;男教师的比例也逐年上升。

乌南幼儿园在每年的招聘录取工作中,既把握整体需求,认真核查岗位要求,又充分考虑发展的缺口。在甄选人才时,充分斟酌上述两方面的考量因素,让新进幼儿教师不仅能弥补发展缺口,同时又能兼顾整体需求,使得优秀的幼儿教师团队能够始终保持结构稳定,富有活力。

案例:海归研究生进修学前教育专业学历

Z老师,出国前是小学音乐教师,之后留学德国汉堡音乐学院音乐系声乐专业,归国后,她想致力于幼儿音乐教育。2012年初加盟本园,本着对学前教育专业的尊重,Z老师在两年内自学了学前教育本科学历。其也从缺乏班级管理的经验,以及对幼儿教育缺乏专业性和针对性的状态,逐步转变为一个优秀的班主任,并被调入境外班,独挡一面引领着班级整体工作。

我园在考量幼儿教师的专业背景方面,大胆引入非学前教育专业的幼儿教师,这样做的目的是为规避幼儿教师群体的同质性，摒弃单一的思维模式，更重要的是不同专业背景的教师能够盘活我园整体教师群体资源，做到教师资源间的优势互补，充分让教师人员富有生命力。但是，为确保非学前教育专业教师的专业性，这些非学前专业的幼儿教师在入职后必须自主进修学前教育专业，在获得专业文凭的同时，进行了完整的、系统的学前教育知识储备。

二、过程性科学诊断

在研究中，我们借助第三方的力量，通过大面积的访谈，确立了乌南教师人才发展的模型，从对自身、对团队、对幼儿、对外界四个方面进行测试，其中对自身包括有同理心、自信包容、独立自强、有改善力、抗压能力、审美素养；对团队包括发展他人、多元文化、促进合作；对幼儿包括专业素质、学习能力、开放创新；对外界包括战略思维、管理资源、国际视野。之后，基于自愿原则，我们对各个岗位的人员以自评和他评的方式进行了专业的测评。

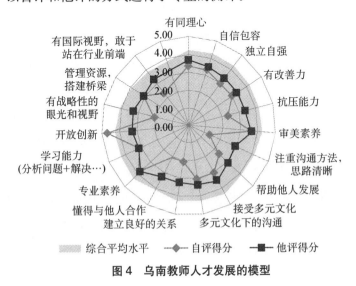

图4　乌南教师人才发展的模型

如图表中所示,是某一位教师的测评结果,灰色区域表示是幼儿园教师综合平均水平,浅色线代表是该名幼儿教师的自评分数,深色折线代表是他评分数。当该名幼儿教师拿到这份数据统计图之后,她会结合着数据进行对比分析,例如在"开放创新"指标方面,就会发现她的自我评价高于平均水平,而他评分数则低于平均水平。这也给了每位幼儿教师更好地看待自我专业发展的思考空间。每一位老师拿到该表后,就会知道自己存在的不足和优势。

我们紧扣幼儿教师专业能力和幼儿园研修激励两条线,将幼儿园教育优势整合,对每一位教师的专业能力进行分析,在探讨中明确其个人发展的需求与方向,帮助我们建立起对教师差异化发展的清晰认识。

三、创设专业自治空间

专业自治,或者说专业自主,是指从事专业工作的人员,其专业工作的独立自主不受行政人员和非专业人员的干预。在专业实践中,由于充满着不确定性,其从业人员就会随时随地面临着运用专业知识进行判断和决策的情境,需要灵活选择最恰当的实践策略。因此,任何外在的命令、控制、指挥都不能代替专业人员的判断。尤其需要强调的是,幼儿园组织作为一种高度专业性的组织,教育作为一种教师对幼儿施加影响的精神活动,无论教师与幼儿都不是机器,而是活生生的人,因此,教师必须依据所处的具体环境,根据自己和幼儿的具体情况对教育活动进行科学的构思、灵活的安排、创造性的劳动。

　　而后现代主义学者也认为幼儿教师发展不是被动、被迫、被卷入的，而是自觉主动地改造、构建自我与世界、他人、自身内部的精神世界的过程。这种新的幼儿教师发展观反映了后现代学者所倡导的内在发展思想，这说明，现代教师发展观有了新的理解与认识，即幼儿教师发展的本质是发展的自主性，发展是幼儿教师不断超越自我的过程，是不断实现自我的过程，更是幼儿教师作为主体自觉、主动、能动、可持续的建构过程。

　　《上海市示范性幼儿园教师专业自主权期望及其实践》[①]研究中指出，幼儿教师专业自主权包括教育教学自主权、学术研究自主权、参与决策自主权、专业发展自主权和幼儿教师影响力。同时，研究也表明上海市示范性幼儿园教师对于专业自主权期望较高。那么，我园在保障幼儿教师专业自主权的努力如下：

1. 教育教学自主权

　　幼儿教师必须作为具有清醒的自我意识和角色意识的存在，并把这些意识体现在他的职业生活场景中。

　　首先，幼儿教师可自主生成"班本课程"。允许教师具有基于课程培养目标的自主权。在班级计划、班级特色方面，可以根据教师特长、幼儿情况等开展课程20%的自主生成和创新，实施符合班级情况的"班本课程"。例如，有的教师有区级沪语研究的课题项目，该教师的班级可以在生活、游戏等活动中融入沪语环境的课程，而沪语实施也成为该班级的特色；此外，有的教

---

① 沈娇.上海市示范性幼儿园教师专业自主权期望及其实践.学前教育研究.2011年第7期

师擅长中国书画,并担任园部中国书画项目组研究的组长,因此,在班级课程实施方面,就会在班级环境、班级课程上有所侧重,水墨画成为该班级的特色。

其次,不同层次幼儿教师课程实施允许有生成空间。鼓励骨干、成熟教师大胆创新,在日常课程实施过程中,鼓励原创课程,经教研组论证并连环跟进,最终纳入幼儿园课程内容。对于青年教师,允许在原有课程的基础上进行 20% 的环节创新,这也是鼓励一些有想法、敢尝试的幼儿教师发挥自己的专业自觉性,将教育智慧吸纳进来。

案例:自主创生的主题活动

大班 Z 老师准备开展"我的中国心"主题活动,活动前,想借助班级的家长资源,拓展幼儿对于"祖国"主题的相关经验。在团队支持下,Z 老师与班级家委会成员先期讨论梳理有代表性和教育价值的地域家乡资源,设计"家长进课堂"课程表,老师指导家长备课,由家长们轮流担任主讲人给班级孩子介绍自己的家乡,从美景、美食等特色和文化方面,传递着热爱祖国大好河山的情感,一个月的主题活动课程在教师家长共同的自主研发下,变得丰富多彩。

最后,幼儿教师可自主开展家长工作。幼儿园要求每月对家长开放半日活动,而园部对开放的内容、时间段不做统一规定,教师可根据学期预设内容、班级特殊情况、家长需求等进行均衡安排,这些具体的内容都由班级老师自主决定。

这些举措都给了幼儿教师实施课程的专业自治空间,教师作为主体对教育教学活动拥有了自由、自主的权利，从而实现教师利用环境的外在自主和对自己内心世界支配的内在自主。

2. 学术研究自主权

幼儿教师享有从事科学研究、学术交流、参加专业的学术团体、在学术活动中发表意见的权利。实现教师专业发展有三条路径，即自发的教师专业发展路径、外控的教师专业发展路径和内控的教师专业发展路径。[①] 其中内控的教师专业发展路径就是在自我专业发展意识调控下的发展路径，即依靠教师自觉、自主地实现专业发展。

首先，开展幼儿教师项目组联盟研究。项目组研究是一种新的教与学的方式，它是指围绕幼儿园课程，以不同领域的研究方向问题作为主题，由具有同一兴趣爱好特长的幼儿教师组成一个团队，开展包括专题讲授、主题研讨和现场教学等一系列教学活动。这种项目研究的方式以充分交流为特征，注重调动学员研究、探讨问题的主动性、积极性，提高其分析问题和解决问题的能力，强调让幼儿教师带着问题搞研究，带着研究进课堂，进行研究式地教和研究式地学。不同项目组的产生，不仅基于不同年龄和专业发展层次幼儿教师的不同研修需求，为教师的个性自主发展研修提供资源和机会。倡导"幼儿教师成为研究者"应该成为一种新的教育理念，通过项目组研究，可以更好地理解自己的课堂、改善自己的教育教学实践，能够体会到自己存

---

① 叶澜、白益民陶志琼等.教师角色与教师发展新探[M].北京：教育科学出版社，2001.

在的价值与意义。既能体现幼儿教师专业的自主性,同时也能不断促进幼儿教师专业能力的发展,进而逐步实现幼儿教师的专业自主发展。

其次,倡导教育实践中的"百家争鸣"。鼓励幼儿教师之间就同一教育现象充分发表自己的想法,通过思维碰撞,教师之间可以认识到教育现象的多元性和丰富性,汲取他人的教育精华,从而可以更好地理解自己的课堂、改善自己的教育教学实践。

案例:当教师之间产生争论时

某中班的两名教师产生分歧,其中一名职初教师和另一名成熟教师之间就幼儿能否看"奥特曼"动画片、能否带"奥特曼"玩具来园有不同意见。园部基于该情况,特意组织了一次园内的教研讨论,主题为对"奥特曼"现象的辩论活动。两位教师先就班内的"奥特曼"现象各自阐述自己的观点,职初教师成为正方,而成熟教师则为反方。全体教师在聆听了正方与反方陈述的观点后,迅速分成了支持正方、支持反方以及中立的三方。而现场的结果也出乎意料,成熟的老师并不全支持反方,她们支持"奥特曼"进班级的观点,觉得可以尝试、验证一下,同时一些青年教师也出现了支持反方行为,坚决反对主动将具有暴力倾向的异文化带入教室。

如案例所述,这一场辩论就是学术之间的深层探讨,是不同年龄、工龄、性别等个人之间的思维碰撞,也是对幼儿教师差异化发展进一步的理解。

3. 专业发展自主权

幼儿教师自主发展的内容不是千篇一律的,而是具有个体性的。由于每个教师的兴趣爱好、发展的关注点和侧重点不同,导致其发展的轨迹和发展的内容也不尽相同,进而使得教师在教育事业上所取得的业绩、所展现的特色也有所不同。幼儿教师自主发展是一个渐进的持续不断的过程,在这一发展过程中,幼儿教师将自己的专业发展作为反思的对象,通过自我专业诊断、自我制定和设计专业发展目标,通过自我反思和研究,进行自我调控与激励,实现自我更新与自我超越。

幼儿教师是专业发展的主体,其专业发展必然是自我导向、自我驱动的结果。因此,幼儿教师专业发展需要教师对自身专业发展的环境、个人的专业需求和发展水平进行深入全面地分析,在此基础上进行专业发展的自我设计、自我规划。

在我园教师三年发展规划制定上,幼儿园首先要求教师做自我专业发展的全面分析,要对自己的能力、兴趣、需要等个性因素进行全面地分析,充分认识自己的优势和缺陷,了解自身现有的专业发展水平、专业发展程度和自我发展能力,诊断自身内在专业结构的不足,分析自己的专业发展需求,从而更有针对性地确定发展目标。随后,幼儿园成立教师三年发展规划评价组,采取一对一的形式,根据教师的情况分析,为教师发展做一个全面的诊断。

案例: 目标导向的专业发展

C 老师,是幼儿园中的成熟教师。在近 20 多年的教育教学过程中,出现发展瓶颈现象。当学校开展教师项目组时,经得 C 老师同意后,将"快乐小厨房"开发内容交给她,并辅助其建立团队共同研发,取得较好成绩。其在修订自主发展计划时作以下修改。

发展方向(修改前)	发展目标	1. 坚持正确的政治方向,热爱人民教育事业,具有高尚的职业道德、合作精神、服务意识和良好的心理品质。 2. 要具有扎实的专业基础,懂得幼儿教育学、心理学理论,具有改革创新意识。 3. 提高个人英语听说读的能力。 4. 调整心态换位思考,三年里逐步改变个性强的问题。 5. 发挥带教作用,为乌南幼儿园及徐汇区带教青年教师出力。
发展方向(修改后)	发展目标	1. 坚持正确的政治方向,热爱人民教育事业,具有高尚的职业道德、合作精神、服务意识和良好的心理品质。 2. 要具有扎实的专业基础,了解与幼教最新发展有关的动态成果,懂得幼儿教育学、心理学理论,具有改革创新意识。 3. 成为"小厨房"项目组负责人,带领组员实践幼儿"我是小厨师"系列活动,形成教案,充实园本课程。 4. 尝试课题研究,将实践进行梳理、提炼。由专题小结逐步向研究报告转变,形成教育科研成果。

这种以幼儿教师自我诊断为主导的专业发展规划,充分展现教师本人为自己的专业发展设计的蓝图模版,能够为自身的专业发展提供引导和监控,它本身就是一种非常重要、非常有效的专业发展活动。

4. 参与决策自主权

参与决策自主权指幼儿教师为实现专业发展而参与幼儿园相关事项决策与管理的权利,享有对幼儿园教育教学、管理工作和教育行政部门的工作提出意见和建议,参与幼儿园的民主管理的权利。《上海市示范性幼儿园教师专业自主权期望及其实践》调查显示,示范园中高达 75% 的幼儿教师认为应该参与幼儿园与幼儿教师专业发展相关事项的决策与管理,这部分幼儿教师认为作为幼儿园的组织成员,应发挥主体精神,参与幼儿园相关事项的决策与管理,增强幼儿园的凝聚力,提升幼儿园的发展水平。[1]

我园尊重教师的决策自主权,赋予教师参与幼儿园管理与决策的权力,鼓励教师积极发挥自我能动性参与幼儿园管理。我们建立民主对话制度、园部轮岗制、中层扩大会议、述职评议制等形式,形成自由民主的校园文化氛围,使教师树立幼儿园主人翁的意识和观念,强化教师对管理层的监督意识和责任感,切实激发起教师的主体精神和创造性。

案例：最年轻的教研助理

W 教师,工作两年,在我园设立的"教研助理制"中,通过推荐与自荐,进入了教研组的管理行列。原先她以为做助理就是"打杂做事"的角色,但通过参与教研组的日常组织和管理、充分发表自己的想法和建议后,她发现自己看待问题的视角和思维方式都发生了改变,也确立了该教师自身在专业发展上的主体意识,使其产生自主发展的责任感和积极性。

无论任何层面的教师,都有参与决策的自主权,不仅是绩效工资,还有研修或评价等方面幼儿园也充分尊重教师参与、讨论、

---

[1] 沈娇.上海市示范性幼儿园教师专业自主权期望及其实践.学前教育研究.2011年第 7 期.

议事、表决等的权利。幼儿园在制定各项活动规则、制度时,都积极听取各方面的意见,从而保障规章制度的民主性和全面性。

四、我们的故事

因为热爱,海归硕士的我再读学前教育

秋秋老师简历:

2007年毕业于上师大音乐系,同年入职小学教育。2011年赴德国进修获音乐表演硕士学位,2012年进入乌南幼儿园。目前担任乌南境外部班组长。

秋秋老师自述:

虽然怀揣海归硕士文凭,但我是非幼教专业的老师,对于幼儿园的一切都很陌生。但在乌南的我很幸运,一开始就跟在经验丰富的师傅后面,而家长也只要孩子喜欢老师就很放心。

一年时间飞逝,期末的多项考核令我陷入困惑和迷茫,而龚园长找我谈话的时候,肯定我的师德和教态,也明确指出了我在幼教专业领域理论的缺失,并且建议我利用工作之余攻读学前教育,以全面了解学前理论与孩子发展。在第二年的工作中,我开始注重积累理论和专业的知识,乌南的老师各种学习机会之多是一种优势,校内的大小教研和学术节,校外的参观学习和讲座等等,我确实积累了许多学前教育的理论和实践知识,而故事到了这里也出现了一个转折。

第二年的下半学期才开始了一个多月,一天下班后我接到了龚园长的电话,她说:"你是否愿意去境外班工作呢?"这一提问,唤醒了我入职面试时的场景,龚园长得知我虽然是非学前出

身的老师，却坚持鼓励我考编入职，她当时说："乌南有境外班，孩子和家长来自各个国家，你受过国外的教育，我很希望你今后能担任境外班的老师。"我在电话里毫不犹豫地表示："当幼儿园认为我有能力的时候我愿意去境外班。"龚园长给了我一个很惊讶的回答："现在 C 班（中班）的周老师怀孕已经 5 个月，向幼儿园提出了回家休养的意愿，时间紧迫，我们进行了诸多排选，认为你最合适。"我疑惑地问："什么时候去呢？""明天。"我倒吸了一口气，弱弱地回答："我去当班组长，你觉得我行吗？如果你说我行，我愿意试一试。"

　　每每回忆起当时的片段，我总是很感激乌南"大胆用人"的决策。如果不是这样，我不会在乌南当老师，我也不会立足境外班当班组长。

　　刚接手境外班，不可避免会受到家长的质疑，我自己又一次深深体会到没有搭班师傅的庇护，自己单枪匹马接待家长时，"理论缺失"导致我不知道该和家长说什么。而中班下学期的境外班家长受幼升小的焦虑情绪，我也缺少应对的经验。当园部最终宣布我将跟班升入大班之后，家长们的焦虑爆发了。暑期里，家委会主席带着一部分家长的意见约见了龚园长，目的不外乎一个："希望换一位更有经验的老师接手大班"。而龚园长又一次力挺我，仍旧由我担任班组长，园部同时委派一名经验丰富刚带完大班的境外班教研组长李老师协助指导我共同处理班级工作。园部不让经验丰富的李老师直接接手，而让她作为辅助教师进入，这是对我职场发展的一种信任与帮助。

　　为了不辜负园部对我的期望，我努力工作，用心修完华师大学前教育本科课程，不仅获得专业理论知识，还顺利取得学前教育本科学历。现在的我也开始帮助其他中外教老师融入境外部工作,在帮助他人的过程中,我也在不断完善发展着自己的专业。是乌南团队的包容让我选择了它,并一直坚持留在了这里发展。

团队视角:

不拘一格降人才,始终是乌南爱才、惜才、用才的原则。基于教师发展的标准,园部要求有着海归硕士学历的秋秋老师再次进修学前教育专业领域的相关知识,这是对这份职业的尊重与对理论知识的重视。而在日常,也用任务不断给予青年教师发展的机会,虽然当时秋秋老师在乌南工作仅 2 年,但她有入职的前期经验,处事沉稳,园部的重点在于帮助其树立从教的自信,这也保证了乌南整体师资的专业性和前瞻性,使其更具国际化视野和专业化水准。

最后一个大专生

瑶瑶老师简历:

1990 年参加幼教工作,期间曾赴美、法等地工作生活 4 年。2008 年归国后加入乌南幼儿园,曾获区骨干、区骏马奖、市优秀家长工作先进个人等荣誉与成绩。现任境外部课程主管。

瑶瑶老师自述:

结束在美国三年的工作,我又重新回到了上海,针对自己的专业特长与专业发展,我毅然选择了到乌南幼儿园工作。

当时我具有 18 年国内和海外的学前教育工作经验,但是我的学历仍停留在大专水平。乌南工作的老师们不仅年轻有思想,而且还拥有着本科及以上的学历。我突然发现,整所幼儿园只有我是唯一一位大专学历。在这样一个人才济济的师资团队环境下，乌南能录用我一个大专文凭的老师让我非常感动。而在当时，各类计划文本的制定、课程环境的创设、境外班外教、家长个性化需求等诸多方面的问题，都让我出现了种种的不适应，每个周末我都会悄悄地回到教室，把自己来不及完成的工作去做好。而龚老师在巡视时，经常会温和细语地说这么一句"瑶瑶，不要急，慢慢来。"至今想来这句话是那么的温暖与感动，令人印象深刻。

在乌南浓浓的学术氛围浸润下，自己不断努力学习，积极进取，对外展示了境外中小混龄班的圣诞节等主题活动，当我适应并发展后，园部提任我为境外部组长，并提出学历上再提升的要求。我欣然接受，因为我已深刻感受到时代的发展与岗位的需求。于是边工作边读书，不仅参与完成市级课题，还带领着境外部团队调适创生课程。2015年我也顺利拿到学前教育本科文凭，就此乌南教师队伍全面达到 100％本科以上学历。

虽然进乌南工作时，我只是一名普通的大专学历的老师，但是乌南幼儿园的大气谦和、尊重包容的人才培养理念，给老师们搭建了不同的舞台展现，并激励教师发挥自己的才华。我会不忘初心，继续前行，在有着如此深厚文化底蕴与团结协作氛围的土壤上与伙伴们携手共进。

团队视角：

乌南幼儿园在招聘人才方面，摒弃唯"学历论"的做法，而是根据园所发展的需求和课程特色，真正做到合适的人做合适的事情，力图给教师提供一个可以施展专业特长的空间和平台，促进其专业发展。瑶瑶老师美国幼教工作的经历、开阔的海外文化视野、流利的英文水平,都是我园境外班教师任职的重要条件。因此,虽然瑶瑶老师入职前学历不高,但是我们更加看重学历以外的潜在发展要素。而事实也证明,瑶瑶老师海外工作生活的背景助推了其在境外班工作的顺利开展,并由实践造人才,最终当之无愧地获得了学前教育的本科学历。

我来自宝岛台湾

绫绫老师的简历:

2016 年毕业于华东师范大学学前教育专业,同年入职乌南幼儿园,此前曾在乌南随班实习 2 个多月。目前,担任班主任、园社会 PCK 项目组组长助理。

绫绫老师的自述:

2016 年 6 月,我从华东师范大学毕业;9 月,我踏进乌南的大门,成为了乌南新人。回顾踏进乌南大门之前的几个月,有过冲劲,有过迷惘,最终,三个契机让我下定决心成为乌南的一员。

契机一:乌南"多元文化"的理念

我一直认为,世界观对于一个人来说是很重要的一部分,因为现如今网络的发达造就了地球村,我们变得越来越能接受不同的文化,倾听不同的声音。所以,我在学习时,就认为培养孩子的世界观是我要努力的目标之一。正巧,乌南的理念就是"培养一个具有中国心的世界小公民",当我迷失在众多企业和幼儿园中,给了我眼前一亮的感觉,当时也很单纯地想,既然是多元文化特色的幼儿园,那么对于来自不同文化的人一定也是很包容的吧！抱着这样的心态，我将乌南划在"有投简历意向"的范围内。

契机二：周围人对乌南极高的好评率

有了投简历的意向以后，我开始学着其他同学的样子四处收集意向单位的资料。每每问到乌南，大家都说："乌南，挺好的呀，很国际范的，上班的地方也很高大上。"在乌南实习过的同学也说："忙归忙，挺锻炼的。"就连我的导师都对乌南人的科研精神十分赞许，曾经说过："乌南的老师勇于突破"。经过了层层筛选，从离家太远的淘汰到频繁加班的单位，乌南还在我的"有投简历意向"范围内。

契机三：乌南文化的浸润

通过招聘会，我投了简历到2—3家意向单位，其中一个就是乌南。乌南是第一个给我来电话的单位，还跟我约了时间要和园长面谈。说实话，这时候的我非常忐忑，乌南的确很好，但万一跟我自己的个性想法有冲突怎么办呢，万一融不进这个集体怎么办呢，万一我的技能技巧不好被嫌弃怎么办呢……没想到的是，园长给了我一个机会来浸润乌南的文化："有时间的时候就来实习吧！"于是，我在完成毕业论文后来到了乌南进行为期2个多月的实习，发现乌南自上到下的老师们都很用心：可以为了策划一个活动反复和家委会沟通；可以为了提升实习生的思考能力牺牲了自己休息时间，经常开研讨会；可以为了一篇专题论文而反复修改。另外，老师们也都很有凝聚力，该教研时化身"研讨专家"，该开放时姐妹班相互帮助，该放松时也能一起尽情欢乐……原来这就是乌南的文化，一扫我之前的担心，觉得如果在乌南工作应该也是很有活力的。

实习期间还曾为最后到底跟哪家单位签约烦恼了好久。我把这个烦恼告诉了龚敏园长，她的一席话成为我选择乌南的一个催化剂，她说："学前教育事业，最终目的还是为了孩子，不管最后你想去尝试研究课程，还是想去钻研某一个领域，首先一定要和孩子在一起，你会发现，面对生活中的孩子，有许多和书本中的描写是不一样的，这都会是很宝贵的经验。"一转眼3个月已过去，我的角色从接收知识的学生变成了传授经验的老师，而且今后还会一直在乌南发现教育的真谛，"与孩子共同成长"，这大概就是我选择乌南最终的理由吧！

团队视角：

绫绫老师本科和研究生都是学前教育，具有扎实的理论功底，在跟随华师大导师学习期间就多次来乌南幼儿园，并且在乌南境外班的平台进行实习，这也是有别于其他师范院校的实习生。乌南对于入门关的把握基于以下两方面的前提，既考虑学生个体对专业的追求需要，也从学校发展角度和师资结构考量每一位应届毕业生的专业经历，以及其对乌南的熟悉了解，做双向选择。入门关是乌南师资队伍建设的关键一环，园部会根据双方的情况全盘考虑，选择最适合乌南发展的幼儿教师。

我是第一位被乌南录取的上师大学生

丹丹教师简历：

2015年毕业于上师大学前教育本科，同年入职乌南幼儿园。曾代表区参加上海市见习教师规范化研修比赛，现担任班主任。

丹丹老师自述：

　　乌南幼儿园从不招收上师大毕业的学生，这是流传在我们学生群体中的一句话。所以，在我大四实习期，我果断选择了附近一所幼儿园。然而因为实习人数太多，最后为求公平公正，由学校电脑随机分配，而我，就与当时梦寐以求的这所幼儿园擦肩而过。但那一刻，我和乌南结缘了。

　　实习期间，乌南将经历示范园复验，而我的带教老师经验丰富却出现身体欠佳问题，园部安排不同的骨干老师进班支撑带教。故实习期间我一直在同一个班级，师傅却变多了，我也希望能够尽我最大的力量，做我力所能及的事情。我们布置环境、一起分析幼儿的行为原因、讨论开放日的策略与内容、互相安慰鼓劲，乌南的带教老师从不把我当作"外人"，我们都希望能够守护这个班级、这群孩子。日复一日，我吸收乌南这片沃土的养分，带教老师们都愿意教导我帮助我，我也与这个大家庭由陌生到熟悉。

　　实习的一年，让我得以真正了解、走进、爱上乌南，这所大气且精致、专业且夯实、忙碌且丰富的示范性幼儿园。大小教研、开放日、特色研修、幼儿教师互相间的观摩指导，"学如逆水行舟，不进则退"，乌南从不曾停下它的脚步。我开始深入了解一线教师的工作内容和状态，尝试适应乌南幼儿园快节奏、高强度的工作常态。不得不说，当时对于乌南的节奏、幼儿教师的专业，我是惊讶的，但也意外激起了我心中的激情与热血。隐约间，我顿悟我想要的工作是什么样子，我心中的梦想能够在哪里实现，答案是——在乌南。

想递交简历意向的我陷入彷徨、忐忑，不经扪心自问：我是否足够优秀到能够配得上乌南？而我的同学们也纷纷劝我另谋出路，"乌南不可能为你破例，这事成不了，算了吧。"在校指导老师也委婉地对我说："你的资质很好，但乌南从来没录取上师大的学生，也只是近几年才对我们开放实习基地的。如果你能留在乌南，那就是为上师大争光了，打破'神话'了！"

挣扎思考几天后，我做了决定，我愿意继续实习，我要留在乌南，不论最后乌南是否录取我。这是我的信心，也是我的决心，更是我的追求。人总要为自己执着的、向往的，有所付出。即使考编迫在眉睫，旁人众说纷纭，连父母也开始焦急，但我必须等，因为乌南值得我等待。这有专业学术的平台、丰富的资源机会、志同道合的同事、强大凝聚力和向心力，所有的一切构成我理想的工作环境。

最后，我被乌南录取了，成为乌南历史上录取的第一位上师大学生。园部说是因为我在日常的吃苦耐劳、热心帮助他人、敢于发表自己观点、果断的行动力等均被师傅们认可，龚园长的一句话我始终铭记在心："你也许认为自己不是最优秀的，但在我们心中，你是最适合乌南的优秀青年。"

诚然，我和乌南是有缘的。不忘初心，奇迹从来不会凭空降临，打破"神话"的固然是我，但帮助我打破"神话"的却正是乌南，对此我始终心怀感激和感动。

团队视角：

从丹丹老师来到乌南实习，她身上所散发的对专业的热忱和吃苦耐劳的精神是有目共睹的。乌南幼儿园在招聘中是通过团队甄选人才，而最后园长一定会亲自把关进行面对面的交流，乌南幼儿园的教师团队也能够始终保持结构稳定，富有活力。由于乌南长期是华师大的实习基地，所以多年来一直录取的是华师大学生，丹丹老师在这样的压力下，依然在一言一行表现出对孩子们的热爱、从教的决心，园部也果断打破用人的惯例，使丹丹老师成为了上师大第一位进入乌南的学生。

每天，我坐着火车去乌南

小王老师简历：

2013 年毕业于华师大学前教育本科，同年入职乌南幼儿园，成为乌南第四位男教师。现在职攻读学前教育硕士学位，曾获得区优秀见习教师称号。目前担任班主任、乐高项目组组长。

小王老师自述：

我的家在金山，距离市中心的乌南幼儿园比较远。因此，很多人都问我，为什么愿意每天花三个多小时的时间，要从金山乘着小火车上下班呢？

而我一直认为这是值得的，因为在乌南的三年，我获得了脱胎换骨的变化，变得更加自信了。乌南为青年教师提供了丰富的资源和平台，让我从一个对乐高只停留在听说阶段的老师，渐渐成长为了幼儿园的"乐高专家"。在幼儿园，作为一个职初教师，园部让我负责管理整个乐高活动室，这是对我的信赖；只要有关于乐高的研修，幼儿园就会推荐我，让我参加各种研修，这是对我的栽培；而担任孩子们乐高选择性活动的任课老师，这在乌南历史上都没有发生过,这是对我的锤炼。

除了在乐高上面的突破以外,幼儿园在我工作第三年的时候让我尝试担任班组长工作,在我工作第四年的时候尝试负责市级亲子嘉年华活动方案的策划和组织,虽然经历了一些失败和挫折,但也正是这一次次的锻炼经历,让我一次一次地积累了经验和信心,逐渐地成熟起来。

现在,我依然坚持着每天乘着小火车,花着三个多小时上下班。是什么让我坚持? 因为乌南就是我的伯乐,它欣赏我,给了我专业发展的平台。可以说,正是乌南对于我的信任和栽培,让我从刚踏入工作时的不知所措成长为一个带班、开家长会、去比赛等都充满自信的年轻教师。也正是这样明显的心态变化,让我看到了自己三年的进步。感谢乌南!

团队视角:

乌南幼儿园基于教师的专业发展需求,为其提供专业发展的资源和平台。小王老师喜欢建构,尤其对于乐高非常在行。为此园部让他担任乐高选择性活动的执教教师,以此激励他发挥特长。通过日常行动和平台搭建也令小王老师增强了对乌南的归属感以及带班的自信心。有了爱和激情,有了大男孩的冲劲和独特思维,让乌南的男教师群体变得生机勃勃,并各具特色。

"不会"是我的优势

陈老师简历:

1994 年参加幼教工作,2008 年加入乌南幼儿园,曾获得区耕耘奖、区见习优秀指导教师、市舞蹈大赛优秀指导教师等荣誉。现任班组长、园骨干教师、年级组长、幼儿厨艺项目组组长、乌南见习工作导师。

陈老师自述：

2013年9月乌南幼儿园淮海园开设了新的活动室"小厨房"，在偶然的安排下我成为了"小厨房"的负责人，我心想：我在家里从来不进厨房，这可怎么办？

在小厨房活动室准备就绪后，我常常在想，什么样的活动内容是适合孩子的呢？我们班级年龄段的孩子们在小厨房可以进行哪些活动呢？我开始请教那些在家很会做菜的老师们⋯⋯这一年全园上下很多老师都进入了小厨房带着孩子们尝试了各种美味的制作，乌南的老师们都是那么有创意。我不仅向同伴学习请教，有时我也会利用网络资源搜索一些食谱，结合班级孩子们的水平来开展分室活动⋯⋯意想不到的是我这个不善烹饪的人竟然能带领着孩子们有声有色地开展起小厨房的活动，在小厨房里，孩子们专注满足地做着一道道美食，还得到了家长们的好评！班上很多家长陆续都会把每次幼儿厨艺活动后的成果分享在微信朋友圈里，每每看到朋友圈上大家的肯定，我常常和我的家人调侃道："看，没想到我这个从不进厨房的人也能把小厨房搞得有声有色！"

第二年，园方希望进入小厨房活动的内容能够在百花齐放的同时，还能紧紧围绕着乌南的特色课程来进行活动，让孩子们的活动内容能够更加符合乌南的课程。就这样小厨房项目组成立了，作为园级骨干教师的我竞聘成为该项目组的组长，这就意味着一个不会做饭做菜的人要引领一个团队去研发小厨房课程了！我心想：组里还有那么多会烧菜的人，她们还要在我的引领下，这可是不小的挑战！

项目组的活动两周一次如期开展着，我们一起围绕着国内外节庆活动研发课程，也常常为了幼儿的操作进行争辩。正是在一次又一次的思维火花的碰撞中，我感受到了自己的优势，我发现正是因为我不会做菜，所以我才能更多地站在孩子们的立场去思考，才能更全面地发现操作中遇到的困难，相比较那些厨艺娴熟的老师，我更懂"孩子们的厨艺活动"。

2016年9月乌南幼儿园的衡山园区开设了"未来厨房"，我又成为了"未来厨房"的负责人，此时的我已经非常喜欢在厨房里和孩子们一起学习的状态，乌南老师们也争先恐后地想要加入我们的项目组，她们不再畏惧自己不会下厨，反而像我一样，常常自嘲"不会就是我的优势！"

我要感谢乌南幼儿园的领导，常常引进一些最前沿的活动内容，让我们这些年长的成熟教师在专业的道路上不断地接受新事物的挑战，不断坚信自己，不断地化弱势为优势！

团队视角：

陈老师是成熟教师，做事认真且有条理，从不谙厨艺到成为幼儿园项目组的引领者，从浅尝辄止到设计有多元文化课程特色的幼儿厨艺活动，既丰厚了园本课程，其自身也逐渐找到了专业发展的定位。在专业自治的空间不断挑战中，她不仅战胜一个个困难，而且逐渐形成自己在教育教学、家长工作中的特色，收获着专业的自信。

唯一的名额给了初来乍到的我

周老师简历：

1997 年参加幼教工作,2016 年进入乌南幼儿园。曾获得市家教课题三等奖。目前任班主任。

周老师自述：

刚来到乌南的那一刻,我时时刻刻被乌南高效、团结、愉悦的氛围所感染。曾经有一段时间,我对我未来的道路产生了迷茫,自认为评好幼儿园小高级教师后,可以高枕无忧。但是,当我融入到这个团队中,我立刻调整了自己的想法,未来的职场之路还很长,要把握乌南当下这一难得的优质发展平台。

来乌南只有短短几个月的我,在得知徐汇区要启动特殊教育教师的培训工作时,毫不犹豫地向园领导递交了我的申请,把自己过去在特教这一领域的工作经验、个人课题详细地向领导汇报。我希望在我未来的职业道路上拓宽自己的教育水平和理念,更希望能够让特殊的孩子正常地融入到集体活动中,和其他孩子一样愉快地学习和生活。

递交申请后,其实我的内心是纠结的、忐忑的。尤其得知学校里有一些老师也申报了,而自己才刚刚来乌南几个月,大家对我还不熟悉,乌南人才济济,是否会把这一个宝贵的名额给我呢?

一个冬天的早晨,我的手机微信突然跳出了一条信息"鉴于你过去在学前特殊教育这方面有一定的工作经验,所以本学期的特殊教育教师的培训机会,园部决定推荐你报名参加。"我感受到冬天明媚的阳光。这是机遇,更是挑战。

在一年的培训中,我开始思考新形势下特殊教育的幼儿教师应该如何做,重新审视自己未来的职业道路,我非常感谢乌南,不仅能够给予我这个机会,还如同人生导师,让处在专业发展瓶颈的我有了不断向前的动力。

团队视角:

乌南历来鼓励每一位教职员工对专业要有追求,积极寻找适合自己的发展平台和定位,对于新进乌南的教师,园部一直摈弃论资排辈,打破年龄、职称、职位等框架,为每位教师打造属于自己特色的专业推进和职场发展之路。周老师在特殊教育上相比其他教师有过研究基础,所以成为接受再培训的最佳候选人。也给予其再发展的平台。

在能力边缘挑战自我

琦老师简历:

2009年毕业于华师大学前教育本科,同年入职乌南幼儿园。获区"百佳优秀青年"称号以及市青年课题研究成果二等奖。现为班组长、园部保教助理、园科技总指导员、幼儿选择性科探活动的执教教师。

琦老师自述:

新一轮的上海市青年教师教育教学课题申报工作启动,园部发来了评比通知,鼓励我积极申报。我总觉得课题研究是很上位的事情,与一线幼儿教师的距离很远,何况我也只有三年教龄,哪有做研究的底气。当我把顾虑与研训主管冯老师沟通时,她说:其实最有价值的研究是基于实践的研究,一线幼儿教师恰恰是最有话语权的实践者,倘若教师们能边实践边思考,把自己的实践不断梳理提升,就是一种很好的科研状态。一席话让我豁然开朗,何况对于撰写论文的逻辑性和条理性来说,我还是挺有自信的。在园部的鼓励下,我基于实践问题申报了青年教师课题《大班教育活动中社区资源开发和利用的研究》。经过层层答辩,我的课题最终成功申报立项。

然而顺利开题只是课题成功的开端,后续的大量的科研工作才是最磨砺人的。在实施课题过程中恰逢自己怀孕生子的特殊阶段,我坚持上班,即便后期在家休养,也做着数据分析。做课题原本对我来说几乎是不可能完成的任务,但我坚持着,尤其在撰写结题报告的那段日子,乌南团队给了我许多的关心与鼓励,对我的课题提出了宝贵的意见。最终,我不仅按时结题,更可喜的是,该成果获得2014年度上海市青年教师教育教学课题二等奖,并编入成果集,这一成绩也刷新了徐汇区参加该赛事的历年最佳纪录。

这次坚持与成效,使我提升了专业信心。2015年5月,我又申报了区级课题《社会实践活动中幼儿自主性发展的研究》,该课题在10月通过立项,现在也在进行中。如今,我还成为了园课题组的成员参与幼儿园课题的相关工作。

团队视角:

鼓励老师在自己的能力边缘挑战自我,一直是乌南倡导的专业自觉。琦老师善于思考教育教学现象背后的问题,在大小教研时,也总会主动提出自己的想法,团队觉得她也具备课题研究方面的潜能,于是幼儿园充分给予她学术自治的机会和空间,给予她课题研究的机会和平台,通过自己的思考和实践在科研方面取得提升。而课题实施中她的坚持,也让我们油然产生敬意。

两次"临危受命"

冯老师简历:

2008 年毕业于华师大学前教育系,研究生,2009 年加入乌南。获区优秀科研先进个人,目前担任园部研训主管、园骨干教师。

冯老师自述:

一转眼,在乌南已经工作了 8 个年头,在这里,自己收获了成长,取得了发展。在这些成长和发展背后,离不开乌南人的相互支撑,更离不开乌南团队的平台。那些触动自己心灵时刻的点滴现在回想起来仍历历在目,犹如一颗颗珍珠,如细数,必会连接成一条闪亮的项链,夺人眼球,发人深思……

我在带班过程中多次参与一些课题项目研究,当班级毕业后,园部就决定让我负责园部队的研训工作。然而有一天,当时境外班的某位老师病假,于是,我又从园部岗位来到一个完全崭新的境外部工作。对我而言,当时还没有独立担任班组长的经验,境外班对我而言真的是一个极大的挑战,需要重新来面对开学接近一学期的孩子和家长以及外教,不知如何是好。但园部对我的认可使我重拾信心,首先和原班主任进行全面交接,了解第一手班级资讯,同时又立刻和家委会成员沟通,自我介绍并从家长层面更多地了解班级情况。我利用周末第一时间参加了班级家委会组织的亲子活动,和家长孩子走近,从而增进双方的情感交流。在以后的日子里,我主动多次组织家长开放日活动、约谈家长、及时交流反馈班级活动等等,赢得了家长的赞扬。小班整个学年过去了,我和家长之间相处得非常融洽顺利。但在学期末,园部调任经验丰富的境外部中班教师接手该班,而我继续出任园部研训工作。

但是,就是这么不巧,又一位境外班教师的脚不巧骨折了,而我再次回到境外班,却接手了另一个中班。而我被家长的不满、投诉等烦心事所包围,自己的心中也充满委屈,早知如此,原先那个班级我带上去不就可以了吗? 园部通过家长会、家长见面会等措施支撑着我,我也努力调整心态,调适着做法,提醒自己不要被个别家长的"骚动"所影响,更加努力于教育教学。或许是家长看到了孩子身上发生的变化,或许是多次组织的丰富多彩的家长开放活动,以及精心准备的家长沙龙……慢慢地,听不到家长的指责声,而换来了活动的配合和主动的沟通。这个中途接手的班级再一次历练了我,特别是在班务管理方面上升了一大台阶。

现在,我通过竞聘,又在园部担任研训主管,而这些机会都源自乌南的幼儿教师差异化发展的理念支持。乌南是我的福地,我也会珍惜乌南的发展平台,不断在日常中磨砺,在做事中成人。

团队视角:

在境外班担任独立班主任,需要英文好、业务强、善于沟通的教师,所以,园部在选人上尤其慎重。冯老师性格温柔、心静好学,研究生的背景也使其具备理性研究的优势。在这两次的"临危受命"中,使其实践方面积累了大量素材,专业成长更加全面而成熟,为此,也印证了"乌南境外班是青年教师快速成长的摇篮"这句话。

一场独特的辩论会

刘老师简历:

2011年毕业于华师大学前教育本科,同年,入职乌南幼儿园,成为乌南第二位男教师。现教育技术硕士在读,曾获区优秀见习教师、全国教育信息技术大奖赛整合课例一等奖。目前,担任班组长、项目组组长、教研助理、园潜质教师。

刘老师自述:

在一场家长会中,师傅陈老师提出"不要再给孩子看奥特曼了。"坐在一旁的我心里很失落,但欲言又止,我只是个刚工作2个月的新老师,应该多看多学才对。会后又有家长单独问起我这个话题,我也只是低调回答:事情都有两面性。陈老师会后发现了我的低落,主动与我沟通,我表示那都不是事儿。

然而几天后龚园长找到我,提出想以"到底能不能给孩子们看奥特曼"进行一场奥特曼辩论会,由我作为正方来陈述自己的观点,想听听我的想法。这让我大吃一惊,同时也为自己的想法能够获得关注而激动不已。于是我回家连夜收集资料,撰写辩论发言稿。

辩论会开始了,乌南幼儿园全体教师以及曾经的大学老师都前来参加。我怀着紧张的心情讲完了自己的陈述。反方代表正是我的师傅陈老师,陈老师讲述了自己对于奥特曼现象的担忧以及可能发生的一些实际问题。随后老师们开始了各自的投票选择。大多数教师依然认为不能给孩子看奥特曼，但同时龚老师却站在了我这边。

辩论会的结果并不重要，重要的是它让我意识到乌南的教育是开放的，是多元的，这成为了我之后专业上前进的动力。

每当我产生一个新的想法，犹豫到底该不该尝试时，总会想起这场辩论会，于是决定去试试吧。也正因如此，我才慢慢成长起来。

感谢乌南为我搭建了属于自己的平台，让我将自己的能量释放。这与乌南幼儿园的支持密不可分。

团队视角：

乌南教师的专业发展基于国际多元文化的园所背景，在教师专业成长过程中也是采取开放、多元、包容、接纳的态度，给与教师专业自治的空间，同时来面对教育中的不同看法和意见，不是轻易判断孰是孰非，或者给出定论或标准答案，而是通过辩论来让不同层面教师充分了解他人的教育思想和观点，这也是我园在带教、专业发展中的一种特色展现。

一不小心，我已成为"老四"

石老师简历：

1988 年参加工作，1998 年加入乌南幼儿园。曾任园部行政、蒙特梭利教学教师。现任班组长、教研组长、园骨干教师、乌南见习工作导师、区 03 早教基地兼职教师。

石老师自述：

某一天，园部在对幼儿园工作的老师按年龄大小进行了排序。突然发现，我成为"老四"了。

我居然是乌南幼儿园的老教师了。岁月如梭，蓦然回首，不仅感慨，时间都去哪儿了？扳扳手指算算离退休也就 6、7 年的这段时间。对于乌南我是很有感情的，毕竟最美好的年华是在乌南幼儿园度过的。而接下来的退休倒计时，我该如何把握打算？

在区层面，45 岁以上就基本失去教学业务奖、骨干等选拔的机会。但乌南园部却为我们这个群体搭建了再发展的平台，如：破格园骨干、项目组组长、带教等。分析自己，可能因为身体的原因，没有年轻老师的精力充沛，体力好、点子多。但是，作为老教师也有很多的优势，至少在班务工作、家园沟通、常规建立上、对幼儿的了解，会比年轻老师多一份经验。

于是我在日常工作中，严格要求自己，注重自己的言行与学习的态度，多留点平台、空间给年轻老师去施展。因为我深深明白，作为老教师不仅要讲得好，更要做得好，用自己"榜样"与"阳光"的行为去影响带动身边的年轻老师，我担任了小班教研组长，带领团队尝试着课程的调适，也成为幼儿园的见习生带教老师，手把手带教一个又一个新徒弟。

在这里我很感谢园部的这种排序方式，如果我不知道自己已是"老四"，或许还不会停下脚步对这个问题进行深思，规划自己的努力方向。在未来的 6、7 年间我还将继续耕耘和奋进，担负责任，主动追求职业的幸福感。祝愿乌南的未来会更加美好、灿烂。

团队视角：

在课题实施期间，团队人员结构的问题得到重视。园部在对全园教师的年龄进行排摸后，根据教师年龄、职称作人事上的整体规划，从而更好地"把好入门关"，也凸显优秀教师团队的要求。石老师的"老四"，反映出我们对临近职场倒计时教师的关心、鼓励与帮助，年龄只是一个外在因素，老教师的宝贵经验需要得到梳理与传承。因此，我们不仅请石老师担任小班教研组长，同时还实施带教任务，加强理论和实践经验的有机结合。而石教师本身在日常教育教学中的严谨与努力，也得到团队的认可与欣赏。

一场手忙脚乱的亲子嘉年华

郑老师简历：

2009 年参加幼教，2011 年加入乌南幼儿园，现为境外部班组长。

郑老师自述：

幼儿园里有一支青年团队，而园部和园长常常会对青年教师定期开展培训活动，旨在帮助青年教师在专业领域方面不断成长。

今年十月，一年一度的上海市的亲子嘉年华活动开幕了。这一次，乌南活动方案再次入选，于是现场的展示活动将由青年教师承担策划和组织，而我也是这个活动小组的成员之一。在经过了简单的前期准备大会后，大家各就各位。第一天的傍晚，我们被告知，前期准备的环境过于简单，导致我们幼儿园的展位有些"寒酸简陋"，需要马上进行重新调整。这让我们有些措手不及，一时不知道该怎么做。于是园部立即建立"为嘉年华奋斗"微信群,对青年教师团队给予支持。园长、主管都在微信群中一起讨论,姜老师提出了许多建设性的调整建议,钱老师给予清晰的操作流程,园部鼓励有经验的老师在观摩现场后群策群力提出建议。于是我们商定第二天一早就到幼儿园寻找合适的材料补充到亲子嘉年华现场,一定赶在开门前调整完毕。

　　第二天清晨,下着瓢泼大雨,我走到乌南幼儿园时,裤子都已经被打湿了,而园部主管姜老师、钱老师已经早早地来到了幼儿园进行准备,她们并没有顾及衣服的湿透,熟练地在各处寻找可以利用的材料。之后,我们又冒着大雨和寒风,一起汇合赶往亲子嘉年华活动现场,在园部的引导下有条不紊而又高效合作,场地的环境一下子焕然一新。那天,乌南是附近最火的一个展位,家长和孩子们都排起长队等待到乌南展位参加活动。

　　三天活动结束后,园部对整个嘉年华青年教师团队组织了一次反思会议,龚园长让每位青年教师就这次活动中遇到的情况进行不同角度的反思,她强调了活动是一种载体,锻炼的是教师的教育机智,需要根据当时的情况,不断地及时地予以调整。

　　通过这件事情,让我明白了,自己虽然是一名青年教师,但是,作为乌南幼儿园的一份子,要时刻为幼儿园和这个团队的荣誉贡献自己的一份力量,必须为这个活动尽到自己的责任。同时,作为一名幼儿教师,拥有教育机智是一件非常重要的事情,切不可因循守旧,墨守成规,等待布置。要善于觉察活动过程中发生的独特而细微的环境变化,并且以相应的方式采取行动。

　　随风潜入夜,润物细无声。乌南的领导、师傅们用她们的言行不断地影响着我们,督促我们在专业发展的道路上不断前行。

团队视角：

培养青年人，就是通过任务给予他们专业自治的时空。在合作中锻炼队伍，增长经验，尤其在青年教师缺乏经验遇到挫折后，园部又能及时予以扶持帮助，并在事后针对活动中暴露出的问题和软肋，实事求是予以剖析和反思，都是为了让青年教师学会成长。问题发生了并不可怕，可怕的是缺乏发现问题的意识，团队任务面前考验的不仅仅是个人能力，更多的是团队伙伴的互助状态与共进决心。

拒绝专家的指导

陈老师简历：

1994 年参加幼教工作，2008 年加入乌南幼儿园，曾获得区耕耘奖、区见习优秀指导教师、市舞蹈大赛优秀指导教师等荣誉。现任班组长、园骨干教师、年级组长、幼儿厨艺项目组组长、乌南见习工作导师。

陈老师自述：

2014 年上海市举办了一场盛况空前的儿童（幼儿园、小学）舞蹈大赛。凭借着我对幼儿舞蹈艺术教育的热忱，接受了园部任务，也带着自己班级参加。

我们成功地闯进了初赛晋级复赛，然而该比赛就像成人版的"舞林大会"，每次晋级都要重新换一个新舞蹈进行比赛。复赛时间就在三周后，这对于 5 岁的孩子来说是一次严峻的挑战。这么短的时间里要排出一个成熟的舞蹈简直是神话。我把自己的困难告诉了领导，龚园长很快邀请了专家阮老师来协助指导。

她是一位有知名度的,经验丰富的舞蹈专业的优秀指导老师,曾带队参加无数舞蹈比赛并夺得多次大奖。

阮老师给予我极大的肯定,并向我推荐了一段三拍子的成熟舞蹈,我想:老师建议的舞蹈虽然很好,但是对我们这群孩子来说却有很大的难度,要在短短的三周时间里既学会三拍子的舞步、还要两两配合跳圆舞曲,就目前班上孩子的能力来说太难了。我思前想后,最终做出了一个意想不到的决定,我要拒绝专家老师的指导。可是领导会同意吗?

我怀着忐忑的心情向园长表达自己的想法:我觉得没有人比我更了解这班孩子的水平,专家老师建议的交谊舞对脚步动作要求极高,短短的三个星期根本没有办法掌握,更别提达到冲进决赛的状态,只有选择适合他们的舞蹈,才会发挥好的效果。当我的大实话说出口后,我感受到了自己的心跳,心想:专家已经请来了,现在又要把她回绝掉,这不是给领导找麻烦吗?如果比赛最终输了,那我可要全权负责了……

"好的,没问题!你说得有道理。我尊重你的决定。我会去和专家老师沟通的,你不要有压力,比赛的输赢不重要,重要的孩子们都锻炼过了!"龚园长说。我简直不敢相信自己耳朵听到的,居然这么容易就同意了。我的内心感到了一阵温暖,她不仅接纳了我的提议,还消除了我的顾虑!

最后,我们夺得总体第四名的好成绩,幼儿园排名第二。舞蹈比赛虽然结束了,它带给我的不仅仅是短暂的成就感,更是十分宝贵的经历,它给了我一个新起点。正是乌南幼儿园民主的管理、支持和信任,让我可以没有负担地大胆创作,使我对舞蹈教育的热爱变得越发浓厚、不断成熟。

团队视角：

陈老师是乌南幼儿园的艺术总指导,她对舞蹈艺术教育充满热忱并有着多年带队外出参赛的经验。当进入决赛后,基于其困难,园方邀请专家老师来协助,但最后还是采纳了该教师的意见,拒绝了专家的指导,这显示出我们对一线教师专业的信赖,不唯"专家",不崇尚"权威",尊重每一位教师的专业自治空间,给予教师实现专业梦想和理想的机会,使其拥有专业的自由和自主的权利。

第二节 "泛研修"的体系建构

"泛研修"是指打破固有的研修内容与形式,以"指向教师的专业发展"为目标,纳入不同类型的研修内容。对幼儿教师来讲,在条线工作量大的情况下,单一的研修形式使教师有较重的负担,同时庞杂的研修体系,导致教师对某个专业发展任务的认识不明确。在这种背景下,切实整合幼儿教师研修资源,打造"泛研修"的概念显得尤为可贵。通过泛研修,把各种专业发展资源加以组合,最后形成独特的研修模块,在辐射效果上也更加凸显和明确。幼儿园超越原来狭隘的研修概念,形成园本化研修体系,该研修体系包含教师发展的"五环式研修",每一环研修都有明确的发展内容,且各环之间层次不同,能满足不同层次幼儿教师的研修需求。

从图5中可以看出,我园从教师领导力、健康力、执行力、反思力、学习力五个方面开展"泛研修"。其中,以"幼儿教师专业技能进修"和"教学活动研讨"为基础,同时加强幼儿教师心理团

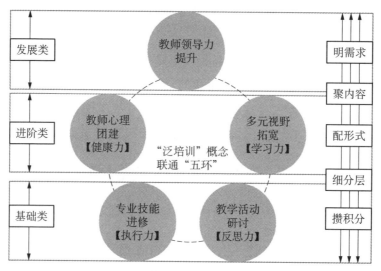

图 5　我园教师"泛研修体系"

建、拓宽多元视野。"幼儿教师领导力"的加入,满足了不同岗位教师的长远发展。

一、基础分类

基础分类研修,指根据不同教龄教师的专业需求,进行有针对性的专业研修。基础分类研修的模式,基于教师专业发展阶段的理论,即教师的专业发展有其内在的规律性,每一个阶段教师的专业发展水平及其专业发展需求是不同的。在实践中,不断给予不同阶段教师以针对性的专业支持极为重要。基础分类研修模式能满足不同发展阶段的教师的不同需要,有针对性地对不同发展阶段的教师施以相对应的研修,因而能更有效地促进教师的专业发展和专业成长。

通过查阅相关文献发现,对于教师的专业发展阶段没有统一的定论。我们基于凯茨的幼儿教师的专业成长四个基本发展阶段理论，把我园教师的专业成长分为职初、青年、成熟、骨干教师四个阶段。

1. 职初教师（教龄 0—5 年）

0—5 年的职初期教师，通常有较高的工作积极性，愿意向成熟教师学习，但由于参加工作时间较短，实践经验少，教学时较多地关注自身的经验，教学效率不高，成效不突出，容易有挫折感，并产生各种不稳定的情绪。针对这一普遍性的问题，对职初期的教师进行班务管理、专业技能等方面的重点研修。

案例：职初教师的历练

D 是职初教师。在第一年的上海市见习教师规范化研修中，我园配略微年长她的师姐进行班务带教，年轻人也容易在情感上产生融合；每周她积极参与大、小教研，多次观摩团队中成熟教师的公开课；与带教导师磨课讨论，在试教中找到问题，解决问题，提升自我；在聆听有特色教师的专业讲座后所完成的作业，也会得到专业性建议与反馈。同时，保教、研训部门多次观摩其半日活动，并及时予以反馈和交流。于是，D 教师在工作第一年间，专业上得到了提升和锻炼，并通过选拔参与上海市见习幼儿教师业务比赛。

结合上海市见习教师专业化研修的任务，职初期教师在带教师傅的指导下，对一日生活中的环节进行行前计划、过程中的独立实践、以及实践后的反思与思考。

2. 青年教师（教龄 5—10 年）

5—10 年的青年教师，已有一定的教学实践经验，并具有前沿的专业理念。在工作中，青年教师有挑战和创新的精神，同时也需要成熟教师的支持和指导。因此，为了让青年教师有更多自主实践的平台，幼儿园设立了"青年教师工作坊"，邀请幼儿教育专家定期来园对青年教师进行指导，为青年教师团队提供了"自我反思、自我研修、总结提升"的空间；此外，幼儿园通过师徒结对，接触优秀教师教育教学案例及不同领域、不同类型教育活动观摩的机会，与有经验的教师建立师徒关系，促使新手型教师尽快熟悉并掌握幼儿园各项工作常规和教育技能，逐渐积累经验，胜任教学活动组织与实施，由新手型教师向骨干型幼儿教师发展。

3. 成熟型教师（教龄 10 年以上）

成熟型教师具有丰富的教育教学经验，同时面临职业发展的重要时期。在此阶段，幼儿教师的内驱力是进一步发展的关键。为了提升成熟教师的专业能力，以"研究"为载体，促进教师将理论和实践相结合，推动自身的专业发展。我园以教育科研课题研究、区级师训课程申报、研究论文交流与答形式，通过对教育实践的研究与反思提高成熟教师灵活运用各种教育策略的能力及教育研究能力。

我园多年来组建了由成熟教师引领的"项目组"的形式，由成熟教师引领，通过在不同领域方面的学习和研究，不断提升自身的专业水平，也带动一批青年教师在不同的领域有所发展。

除此之外，以参与式研讨与研修、教育活动观摩与研讨、教育经验交流、教育案例的反思等方式，通过创设参与式研讨的机会，加强教育经验交流与教育活动观摩、研讨，让教师在反思提炼自身经验与借鉴他人经验的过程中逐步提高其自我反思与评价能力、运用教育策略能力及教育实践经验的提炼能力。

4. 骨干/潜质教师（不分教龄）

骨干型教师具有较强的学习能力和教育研究能力，在教育实践与研究中逐渐形成自己独特的教育风格。幼儿园打破年龄和教龄的限制，设置"潜质教师""骨干教师"，并对 45 岁以上的教师采取"破格"的方式，促进专业上的自我发展。

幼儿园针对青年教师的发展现状，设立"潜质教师"。"潜质教师"指具有突出教学能力，在教育教学中大胆实践的优秀青年教师。"潜质教师"积极参与市区级研修项目的同时，引领园内项目组，承担教研组长等工作，在实践中迅速成长，成为幼儿园教师队伍中的重要一部分。

除此之外，幼儿园创设积极条件，让骨干教师出省出国研修或参与国际合作教育交流，拓宽教师的国际文化视野，培养具有国际视野的创新型、研究型的教师。

二、进阶分质

幼儿教师专业化是教师素质提高的主要标志，人们越来越意识到，教师只有具备足够的专业能力和较强的自主性，成为教育教学方面的"临床专家"，才能满足社会日益发展和幼儿在认知、情感学习等方面的需要。基于我园教师多样化的专业背景发展的需求,我们开展了幼儿教育不同领域方面的专项研修。

1. 不同领域的专题研修

为了提高教师专业技能,根据当今和未来教育的特点,我园常针对某一专题而展开研修,如:早期阅读教育指导研修、美术技能、音乐技能研修等,这些专项分质研修,使得研修内容更具专业性、针对性。

2. 不同需求的专项研修

根据教师在工作中的不同角色和岗位需要,进行同一角色需求的专项研修。例如,每一学期都会有青年教师担任班组长、教研组长、中层干部等职务,而对于这些从未担任过该角色的教师而言,缺乏相应的工作经验和技能,需要幼儿园在工作开展上给予一定的支持。为此,我园在学期初开展"新任班组长"研修,邀请有经验的成熟教师进行讲座,指导青年教师的班组长工作;针对中层干部的发展,幼儿园开展"领导力研修",引入人事管理的研修模式,增强中层的管理能力和智慧;对新加入境外班的教师,开展与中教共同参与的课程专项研修,加深对于课程的理解。

3. 凝聚助力的男教师团队

随着男教师的队伍逐步扩大,如何加强男教师队伍建设,促进男教师更好地融入到幼儿园集体中,也成为了乌南幼儿园教师专业发展的一条重要命题。因此,我们组建了园内的"男教师沙龙",还分别与上海市男教师沙龙、区内兄弟幼儿园等建立学习联盟,进行人员交流、教学合作、协同教研,通过共同研讨与学习,促进男教师的快速成长。此外,这些新进的男教师,园部均派骨干教师成为他们的贴身指导师傅,带教师傅会根据男教师的学习兴趣、性格特点、发展意向等,帮助其寻找合适的发展方向。

4. 跨文化的中外教研修

由于中外教的文化背景不同,在共同执行课程中会产生不可回避的问题,因此对中外教的师资队伍的跨文化建设是研修任务的重中之重。为了能让在乌南工作的外教尽快融入乌南、掌握课程,我们开展外教岗前研修,通过探讨以达成对乌南文化、价值观、发展目标的认知和认同,另外,在学期中采用视频录像的方式记录幼儿一日作息中教师的站位、指导与教学方法,用可视化的研修方式开展外教教研活动。

案例：文化的理解和认同

2013 年暑假教师研修期间,我园特邀外教主管 Joan 老师为全体中外教师开展了研修,针对中外教育理念的不同,从"作息调整、跨文化环境、挑战、问题回归何处、建立校园网、中美教育的不同、适应彼此"七个版块,结合所闻所见的实例向乌南的老师们介绍中美文化的差异,鼓励大家成为一个文化的包容者与接纳者。在研修中,Joan 老师基于中西方文化中永远存在的差异,用生动形象的真实故事作案例分析,让老师们正视文化差异性并在工作生活中努力改变自己的教育行为。

没有一种文化是正确或错误的。作为教育者,通过跨文化的中外教研修,逐渐消除对异文化的困惑,促进互相的接纳,从而开阔国际化视野,提升中外教共同解决问题的能力和方法,不断提升教育教学的保教质量。

三、跨界拓展

超越教师视野网络时代下的人们获得知识的渠道越来越多,领域跨界研修是指基于人才原有的专业所须具备的专业知识和技能外的其他专业领域知识和技能的研修。过去所培养的专门从事单一学科教学的教师,已无法适应社会和教育的要求,也难以应付学习需求日益增多、学习领域不断扩大的教育对象。广博的知识、综合的能力、一专多能、多才多艺是现代教师应努力追求的,也只有这样,才能引导教师走向"终身学习"这条道路,并为幼儿教师专业化铺平道路。

国际多元文化的课程特色需要教师具有更高、更宽的眼界,需要对各行各业都有所了解,因此,我们在不同的时间开展了多学科、跨界的园本化研修。

1. 跨学段交流

跨学段的跨界研修主要指教师走出幼儿园,进入小学、中学等场所,参与不同项目的学习。跨学段的研修能够拓展教师的视野,促进教师综合能力的发展,最终为教师能更好地实施一日活动而做准备。如:从英国引进的 SAW 项目,结合了艺术、科学、文学领域的不同内容。我园在实践中,通过与小学共研的等多种形式,提升教师在组织教育教学活动时的知识、经验，丰富艺术精神、艺术欣赏的能力及指导幼儿园教育教学活动能力的运用。

2. 跨领域浸润

越来越多教师在工作中身兼数职，身处不同层面的领导岗位。与此同时，教师更多关注自己在工作中的权益，希望得到更多的专业信息。面对教师的不同需求幼儿园组织了人力资源领导力研修，将企业组织的管理思想引入幼儿园的中层管理，增强中层的管理智慧；结合教师在实际工作中遇到的问题，工会组织了法律知识讲座，普及基本的教育法规知识，提升教师的法律素养，也得到了老师们的欢迎。

案例：谁是外国第一位老师

有一年在教师节来临之际，某位老师和幼儿一起讨论谁是中国第一老师，孩子们异口同声："孔子。"之后，一位幼儿追问："谁是外国第一位老师呢？"老师想了想，回答："是蒙台梭利。"活动后，教师把两位名师的照片贴在展板上进行展示。不久，一位有多年海外留学经历的家长经过，他主动和该名教师就展板上的内容进行了深入的探讨。他认为从对人类贡献的角度而言，西方只有柏拉图可以与孔子相提并论。

幼儿园充分利用了跨界的学术资源，在大教研中对全园的老师进行了研修，通过跨界研修，老师们的专业文化素养都得到了很大的提升。

3. 多通道推动

兴趣是推动工作积极性的有效方式幼儿园根据教师们的需求和选择,结合课程环境,开展了丰富的多领域多通道活动。结合"未来厨房"的幼儿活动,开展了教师的厨艺研修,通过亲身体验操作,增强其感性认识和实践经验;针对"屋顶农场"的开设,开展了教师种植方面的专题研修,让老师们也了解到了一些不同季节、不同植物的科学种植方法和日常养护的经验;结合主题环境布置,在文化背景下产生的"创意美劳"专题研修,是通过聆听国外艺术家的现场讲述、共同制作的参与、灵活变通各取所长等方式,使教师开阔了视野,不仅增进了国际多元文化理念理解,更好地落实到幼儿艺术教育教学中来。

作为一名现代幼儿教师,需要在夯实专业学科的基础上,不断吸纳、接收、学习各个领域的信息、知识和技能,做一名全面发展的教师,这样才能适应信息技术社会对于教师专业发展的挑战,应对幼儿、家长对于教育的新要求。

4. "临床经验"研修

面对不同阶段教师的现状和需求,让更多进入乌南的新教师尽快融入幼儿园的工作,团队实施了不同形式的研修和指导,采取"临床指导"的方式,让教师在原有的基础上进一步发展提升。优秀的团队应该孕育更多的优秀教师。

规范"带教"

带教是指为新入职的教师配备经验的成熟教师,通过日常贴身带教的形式,对新教师进行幼儿园一日课程的全方位指导和帮助。

我园构架了"导师带教制"，实施带教师傅"第一责任人"制度，从教师基本素养、师德规范、实践能力、研究能力的专业发展进行分层培养。前期，确立导师和徒弟间的研修需求调研机制，在带教计划的制订方面，由导师和徒弟共同完成，尽可能全面分析徒弟情况，尽可能做到与青年教师发展需求相符合，与幼儿园的课程建设密切相关。在带教的过程中，职初教师能够尽快适应工作节奏，胜任教师的工作，走好专业发展的第一步。

青年教师除了班级带教导师的贴身带教外，还可以根据自己专业成长三年发展规划来选择适合自己的项目组，为此，项目组组长、导师都成为青年教师专业发展的分层培养教师，全面负责带教工作。

灵活"跟教"

跟教是指参与研修的教师全程跟随指导教师，在不同岗位研修中接受理论学习、实践锻炼和进行问题研究。同时，参与研修的教师要通过跟岗研修实现三个目标，即：掌握一种研究方法，养成一种反思的习惯，形成一种不断学习的态度。幼儿园会吸纳各个阶段的教师，在班级中进行跟教实践。跟教研修的实施形成了一个管理思路明晰、实际操作可行、管理环节完整的教师跟教研修管理模式。依据不同阶段所分解的具体任务，有条不紊地开展研修，有效地整合了各方面的资源优势。

案例：职初教师的几位带教师傅

Z教师，学前研究生毕业，工作第一年，在担任某班班主任的同时，由我园骨干教师与其共同组成班组予以贴身带教，同时,发挥 Z 教师研究生的科研能力,在课题组中跟随研训主管,参与团队课题的情报搜索与整理工作;Z 教师在攻读研究生期间,师从社会领域专家,根据这个特长,工作后又成为园长领衔的社会 PCK 研究的小助手,学习理论与实践的结合点。

特色"走教"

富有特色的优秀幼儿教师团队本身就会存在个体差异,对于具有专业领域知识的教师、有特色有风格的教师就是采用"走教"研修,即鼓励教师到不同班级发挥教学特色,让更多的幼儿享有优质的教育资源,让更多的教师接触到最前沿的教育理念和信息,通过交流磋商,共同进步。

"选择性活动"就是采用"走教"的模式,形成本园的特色课程,即每周由幼儿园里有所特长的教师开展教学,从原有的成熟教师任教,到青年教师的配班制度,使得"走教"的内容更为丰富。

"走教"也解决了幼儿园教师岗位的协调问题。如,幼儿园根据教师特长发展,选择一教龄四年的青年教师"走班",即在完成自己班级工作量的前提下,又跨班到境外班临时担任一个月班组长的工作。之后新学期中,该教师即进入境外班独立担任班组长,在开展班级工作中更有经验和准备。

案例: 挂职教研员

L 教师是我园骨干教师,曾担任大班教研组长,数学 PCK 项目组组长,拥有丰富的一线教学的经验。在担任大班教研组长期间,发挥组内教师的特色,创新多种教研方式,形成了独具特色的教研思路和方法，多次在幼儿园和区级层面进行展示。经过多年的实践和探索，L教师通过选拔成为区"挂职"教研员，兼顾日常带班与教研工作，进一步发挥了自己的特长。幼儿园大力支持L教师的日常工作，为其教研员工作的顺利开展提供保障和基础。

走教打破了教师资源配置上的条条框框限制，优化了教师资源结构，为提高人力资源的使用效益发挥了积极的作用。

课程改革的关键是教师。通过"五环式"的"泛研修"体系的构建和系统的研修内容，教师研修的重点从单一的专业发展到多领域的视野拓展，从对课程的执行到对课程实施的领导，避免了单纯的知识灌输和理论重复以及"从理论到理论，从课堂到课堂"单一呆板的研修形式，开创"在实践中学习，在学习中实践"的新模式，真正落实"专家引领、同伴互助、个人反观"的研修理念，提高教师投入、参与、反观的程度，促进其课程思维方式和领导行为方式的变革，从而更好地提升其课程领导力。

四、我们的故事

身边名师的力量

章老师简历：

1988年参加幼教工作，2005年加入乌南幼儿园，曾获得区耕耘奖、育人奖、园丁奖，徐汇区见习教师规范化研修优秀带教指导老师。目前为园骨干教师、教研组长、阅读项目组组长。

章老师自述：

乌南幼儿园是我成长的第二个摇篮。我正式来到乌南时，已工作整整十八年了，但是在乌南我还是从零开始，一点一点感受乌南的多元文化，慢慢让自己融入到乌南这一个大家庭里。

记得以前只是在公开课的场合看到过龚老师的课，她上的集体活动《建国园的树》《小心肥胖》等，每次活动龚老师都上得很精彩，因此不由得对年龄相仿却教学水准高超的她十分钦佩。即使做行政的龚老师也不离开课堂，她定点在我班级，只要一有空就会到我们班级来上课。我心里暗暗想：龚老师公开课很棒，那她平时的随堂课也能这么出彩吗？我抱着疑惑的心态静静地观望着。

第一次来上课，龚老师和孩子们之间的互动交流一下子就深深吸引了我，她能紧紧抓住孩子们的注意力，当有个别孩子高高举手却又回答不上时，她笑眯眯地摸着孩子的头说："老师知道你很能干，不要紧张，再好好想想，待会儿老师再请你。"孩子放松地坐下了。当问题提出却无人应答时，龚老师话锋一转，通过分解问题的方式为孩子的回答建构阶梯，在巧妙的引导下，孩子们很快就适应了龚老师的提问方式，而且在龚老师的引导下，我第一次发现我们班的孩子们居然能做到完整清晰地来回答问题。龚老师的第一次随堂课让我很震惊，虽然是初次在我们班借班上课，但是龚老师凭着对这一年龄段孩子特点的清晰把握、自身深厚的语言功底、现场灵活的应变能力，随堂活动同样精彩！心中不由得为龚老师暗暗点赞！

3月5日这天，又是龚老师来上课，一开始，龚老师就问孩子们今天几月几日？是个什么特别的日子？问题问得一旁的我也是一愣一愣的。龚老师拿出了今天的报纸，上面有一张大大的照片：雷锋。一行大大的字：学雷锋日。看到这里，我才恍然大悟。龚老师先是带领孩子们观察照片，通过交流，孩子们对雷锋产生了浓厚的兴趣，于是龚老师说，今天带来了一个关于雷锋的故事，请大家来听一听。她边打快板边朗诵关于雷锋的快板诗。在龚老师的引导下，孩子们在短短的30分钟内全部学会了长长的快板诗，而且整个活动孩子们兴致盎然，大大出乎我的意料。于是我这位当时已经工作20多年教龄的老教师深深地感叹，这就是专家老师和普通老师的不同之处呀，平凡的活动也能上出精彩。

连续近一年的时间我旁听了龚老师一次次精彩又平常的语言教学活动，让我深深受益。于是我在我的活动中开始思考如何有效提问？如何在日常生活中提高孩子的语言表达能力？如何让孩子们表达得越来越精彩？一方面我更加注重孩子日常积累，活动中更加讲究方式方法，让自己日常的活动也都能够生动、精彩起来；而另一方面我也开始多看书，努力提高自身的人文素养，虽然我不可能成为一名像龚老师一样的专家，但是我也同样可以努力做最好的自己！

团队视角：

热爱学习、善于学习是乌南对每一位教职员工提出的要求，不仅从上至下，都积极营造这样的学习型团队的氛围。园长龚老师的身先士卒，树立了坚守专业、注重实践的榜样。而园长、主管定班上课实践，也成为乌南学术研究的一道风景线。同时，我们也看到章老师的专业发展源于她自身的内驱力，她对自己专业发展高要求、严标准,如:完整记录反思听课内容,积极报名参加朗诵研修的社团,等。因为她有这么一颗上进好学的心,在年近 30 教龄时还勇夺教学奖项,并参与语言 PCK、社会 PCK 的实践与研讨,与时俱进的积极状态也是值得我们尊重与学习的。

评选"十佳"的磨砺

郭老师简历:

2011 年毕业于华东师范大学,同年入职乌南幼儿园。曾获区新苗奖一等奖、区中小幼见习教师"十佳"、区骏马奖等荣誉与成果。目前任班组长、科探项目组组长、教研助理、园潜质教师。

郭老师自述:

2015 年,我有幸参加了徐汇区首届见习教师"十佳"的评选活动。在这个过程中,我觉得收获更多的是成长的体验和经历,也获得些许感悟,在此记录,作为成长的一段足迹。

刚得知入选见习教师十佳评选比赛时,我的内心激动中掺杂一些紧张,激动的是我能够代表幼儿园职初青年教师参与本次比赛,这离不开自身的努力,更是幼儿园对我培养的成果,紧张的是不知自己能不能得到一个令人满意的结果,领导和同事们给予我肯定的掌声和鼓励的言语增加了我的信心,也让我更专注于过程而不是简单的结果。比赛前前后后历经了半年多的时间,内容从初赛的即兴弹唱、教玩具制作到之后的设计教案以及现场教学,直到最后的硬笔书法以及三分钟即兴演讲,充实的节奏让我觉得时间飞逝。在这个过程中,我深感现在的比赛已经不仅仅是一次"比赛"，更是一次对教师专业素养的挑战和考验，现在一直强调幼儿要"全面和谐"地发展，其实倒过来想，作为职初教师的我们，这句话同样适用。虽然是"见习阶段"的教学评比，但是从比赛中我也发现了当今对于青年教师的要求也在与时俱进，我们要不断向前看。

最后，我获得区中小幼见习教师"十佳"的称号，也是两位幼教获得者之一。虽然我参与的看似只是一次比赛，但它历经多个环节，这让我对自身的专业水平也有了认识和反思，成长不是一瞬间的，更多的是在日积月累的岁月中不断历练的，今后的道路还很长，需要努力的地方还很多，一步一个脚印，"请脚踏实地前行吧！"我对自己说。

团队视角：

郭老师是我们看着其成长起来的，她在参加见习教师十佳评选活动之前，就已经参加了区新苗奖的比赛，并且取得了一等奖的优秀成绩。她身上所表现出来的勤恳、稳重的实干精神，又再次被乌南选中参加五年教龄内的"十佳"评选。整个过程是艰辛的，但是郭老师正是通过这样的磨练，也逐渐成熟起来。现在她已经承担了中班班组长和项目组长一职，全面管理班级事务，承担园部项目引领任务。"压担子"式的任务驱动铸就了乌南一批茁壮成长的青年教师。

相同的成绩，不同的反思

小王老师简历：

2013年毕业于华师大学前教育本科，同年入职乌南幼儿园,成为乌南第四位男教师。现在职攻读学前教育硕士学位,曾获得区优秀见习教师称号。目前担任班主任、乐高项目组组长。

小王老师自述:

2014年,儿童乐高世锦赛在上海举办。我们乌南幼儿园也受邀参与本次大赛。让我没有想到的是,园部会全权委派给我带队参加。

怀着忐忑的心情,我选拔了四位孩子作为本次参加比赛的选手,开始和孩子们一起为大赛做着准备。在大赛的教练会议上,我认真地记录需要注意的地方和比赛规则,并且向主办方询问一些细节事项。初次参加比赛的我略感迷茫、缺乏自信,有些怀疑自己是否可以顺利完成这次任务。

然而经过几个月的训练,我带着四位孩子一起努力,居然获得了团体创意赛银奖、个人任务赛金奖的好成绩。看到比赛结果的我不禁欣喜若狂,付出终于获得了回报,孩子们取得不错的成绩。当时心里只有一个想法:终于可以给孩子们和园部一个不错的交代了。但回想几个月的比赛过程,除了开心之外,还有一些云里雾里的感觉。我还对园长直言了自己欣喜的感受,她耐心地聆听着。

2015年,儿童乐高世锦赛再次在上海举办,我也再担重任。有了参加第一次比赛的经验,我较上一次有了更充足的信心。根据大赛的主题和孩子们一起精心设计了作品,并且简单排练组织孩子们对作品的介绍。

比赛当天,孩子们和我胸有成竹地来到了比赛现场。所有的一切都顺利地进行着。当孩子们介绍作品的时候,却出现了意外一幕。两位孩子在介绍的时候开始抢夺话筒,场景有些混乱。比赛结束，我们获得了银奖。

期待已久的金奖与我们失之交臂。我把银奖的奖状交给了园长时，主动地进行自我反思，寻找本次大赛失误的地方：过于注重乐高作品本身，却忽略了团队建设。园长笑着说：与去年相比，现在的你长大了，我更看重比赛背后的收获。

两次同样的成绩，却是截然不同的心情。相比起第一次的欣喜若狂，第二次看到成绩的我有那么一点失落和不甘，因为我觉得如果更注重比赛过程中的反思和调整，建构之外的功夫也是非常重要的教育内涵。

在乌南前两年的工作经历，参加了两次乐高比赛，我的能力和眼界都提高了不少，对自己的要求也提高了很多，这正是乌南带给我的成长。下一次的乐高比赛，我们已经整装待发……

团队视角：

任务驱动是乌南幼儿园对教师的培养途径，尤其是青年教师在历练中提升了自身的专业视角与专业能力，通过研修培训将所见所闻，所学所得切实地体现在幼儿的发展中。同时，乌南幼儿园历来关注男教师的职业生存状态和成长平台，在他们专业发展的内容、方法、途径、条件和机制方面都予以团队支持和引领。王老师的故事充分展现了一位青年男教师与幼儿共同前进的足迹，收获的不仅是成功的喜悦更是成长的感动。

第一次发言

孙老师简历：

2003年参加幼教，2014年加入乌南幼儿园。曾被评为优秀见习带教老师。现任班组长、教研助理。

孙老师自述：

2014年，为了追求专业的再发展，我离开了工作11年的那所一级园，踏入了乌南示范园的大门，调整好心态，以新的工作状态投入到新的工作环境中。开学接手新小班，以及搭班的又是刚毕业的职初老师，就这样忙忙碌碌的，终于在一个周末可以好好休息，陪伴2岁的女儿玩耍。突然在周六的上午接到了课程主管的电话，需要我在下周一的大教研上对上周班级开展的种植活动进行一次交流发言。挂完电话的我就懵了，下周一？大教研发言？面对全体教师？我到底要说些什么？心里就是七上八下的感觉。我自认不是一个很会表达的人，而大教研上发言给了我很大的压力。紧张之余转念一想，既然给了我任务，就是对我的信任和肯定，作为刚进乌南的新人，也是给我在全体教师面前的一次亮相。于是，我逐渐稳定心情，对着电脑开始整理思路，把前儿天带着孩子们一起种植的活动开始在脑中如放电影一样回忆起来。趁着女儿午睡时，我对着电脑边想边写，斟酌后再重写。大教研上的发言，既要说出自己班级在种植活动中的与众不同，还要重点体现出活动对孩子的价值，老师的行前思以及在活动中的执行力。

几个小时之后，我的初稿终于出来了，我发给了课程主管，请她先进行把关。等待回复的过程对我来说也是很煎熬的，希望能一次通过，希望我的交流稿能清晰地展现出交流的价值。一个多小时候，回复来了，文章有一些内容需要一些微调，我心里的石头终于落地了。于是踏实地开始做我的交流PPT，结合图文的形式把文稿展示出来。虽然文章和PPT都落实了，但周日躺在床上的我还是隐隐地紧张，对于明天的到来又期待又忐忑。

那天大教研开始了，我手心里全是汗，心都快扑通地跳出来了。在上台之前默默地对自己说了无数遍："加油，你可以的"。坐上讲台的一刹那，我深吸了一口气，看了一眼搭班，镇定下来，我觉得这是给班级亮相的时候，就要让大家看见我和搭班的共同努力。面对下面无数双看着我的眼睛，我却不紧张了，打开文稿，亮起PPT，我把已经在内心说了无数遍的内容脱口而出。虽然只有短短的十几分钟，但是我做到了。同事们的掌声就是对我最大的肯定。

虽然工作了十几年，但这样的机会对我来说并不多。我很庆幸我选择了乌南，勇敢地接受了任务，并且挑战了以往觉得不可能的事。

团队视角：

作为教研引领的平台，从不拘泥于教师在资历方面的差异而另眼相看，相反，我们总是鼓励乌南新成员能大胆开口、表达见解，也常常希望教师们能静心思考自己行动的本源，予以提炼分享。在教研中，从不要求"一言堂"式的你讲我听，更多的是追求思维火花的碰撞、头脑风暴式的辨析，厘清价值达成共识。

在乌南成为"大师"

大陈老师简历：

1983年参加幼教工作，曾担任6年民办园园长。2006年加入乌南幼儿园。获区耕耘奖、优秀艺术指导教师、华师大优秀带教老师等奖项。现任班组长、年级组长、中国书画项目组组长、乌南见习教师导师。

大陈老师自述：

回顾在乌南的十年间，对我在专业的成长中感触最深的或者说对我帮助最大的一件事，就是乌南选择性活动中国书画的开设，它让我在专业发展瓶颈中找到了出路，并逐渐形成了自己的特色，让我成为一名有特色的幼儿园教师。

回想当初刚进入乌南时，自己一度迷茫过：做了六年的园长，回归到幼儿教师的岗位我能胜任吗？乌南是一所市级示范园，在这里凭借着一颗爱孩子的心和一股热情是不够的。我对自己进行了分析：班务工作、家长工作，乌南理念新，许多老师经验丰富，特别在家长工作中已经形成特色，自己学还来不及，突破是有困难的；自己喜欢美术，喜欢绘画，但是在乌南有这方面特长的教师很多，到底自己的出路在哪里呢？我喜欢美术教育，和孩子们一起画画是一件很开心的事情，我不想放弃自己的所爱，就不断寻找突破。自己对水墨画感兴趣，又有这方面的教学经验，虽然现有的课程里并没有我可以进行实施的内容。但我相信孩子们会喜欢。于是我就先在自己班级中尝试水墨画的教学，研究水墨画教学和幼儿年龄特点中的关联，当孩子们有了作品呈现以后，大家对我的水墨画特长开始有了一些了解，第二年中国书画在幼儿选择性活动中诞生了。园部邀请有特长的教师执教一部分活动内容，在园部的支持鼓励下，我成了乌南第一任中国书画的老师。随着活动的开设也让自己慢慢地把水墨画教学作为一个真正教学特色来做，不断地去查找有关的教学研究，不断地去尝试各种不同的教学手段，从一开始的技能教学慢慢走向创新水墨游戏、诗配画和赏析大师作品、跟着大师学画水墨画。2014 年我代表园部参加区耕耘奖评比，是那届年龄最大的参赛者，教学活动得到了专家的好评，2015 年关于水墨画教学的论文又在比赛中获奖。

我的感悟有以下两方面，一是机会是给有准备的人，如果当初我没有对自己进行分析和评估，没有在班级大胆尝试，没有在大家面前展示自己的特长，那么可能中国书画活动的开设就不会是我的机会，水墨画教学就不会成为我的教学特色。

二是努力成就特色，自身有绘画的特长不等于有特色，有特长的人很多，但能够形成特色的并不多，在这过程中努力必不可少。一开始自己只是对水墨画喜欢，会画一些而已，在进行了中国书画教学以后，让我和团队一起琢磨如何上好课，哪些内容适合孩子，哪些方法与当前的教育理念相符，从现场观摩到网上学习、参加研修、购书自学，每一次的学习就是对自我的提升。

团队视角：

是大陈老师自身的努力和园部提供的发展机会成就了乌南"大师"。大陈老师出身于书香世家，自身又热爱中国书画，所营造的班级环境都是古色古香，充满中国文化韵味。通过乌南幼儿园的项目组以及选择性活动的平台，大陈老师的特长有了更加广阔的发挥平台，同时也引领了一批徒弟在幼儿绘画方面展开共同研究，这种孜孜不倦的学术追求，赢得同事们的尊重与喜爱，乌南"大师"就此产生并当之无愧。

我的四位师傅

池老师简历：

2015年毕业于华东师范大学学前教育系，同年入职乌南幼儿园，成为乌南第六位男教师。曾获区见习教师优秀学员称号。现任班主任。

池老师自述：

从进入乌南实习到现在正式在乌南已经工作一年了，细数接触的老师，有四位老师我要称呼他们一声"师傅"，从他们身上我收获到了许多。

我的第一位师傅应该是实习期的班主任陈老师，乌南的老师都尊称她为乌南的"大师"。一开始我很诧异为什么会叫"大师"，在接触一段时间后，我发现原来陈老师在水墨画的造诣上非常牛。但是继续接触后，其实不仅仅是这样，"大师"不但是对陈老师艺术成就上的褒奖，也是对她工作态度上的称赞。一天早上室内运动，孩子们在大礼堂练习跳绳，不少孩子都不太会跳，陈老师就做起了示范。她还有三年就退休了，腿脚也不是很方便，但是在孩子面前，仍然坚持示范，教孩子们跳绳，看到这一幕我很受感动，这种对于孩子百分百的付出，是我学习的榜样。

我的第二位师傅是实习期的另一位班主任刘老师，刘老师是一位男老师，也是我的师哥，他比我大四岁，但是在工作上面他特别有自己的想法，对于孩子很愿意付出。有一次班级中一个小男孩故意打别的小朋友，由于那个孩子已经不是第一次这样了，于是刘老师就找到他，与他进行单独谈话。过了一会儿饭点到了我去找他吃饭，但是找了一圈都没有见到他，我便独自一人先去吃饭。等过了差不多一个小时，他才来到餐厅，这时饭菜都收回厨房了，我看到他就很诧异就问他："刚才你去哪里了？"他就说："我去和小朋友谈话去了，没想到过了这么久。没事，我回教室吃点饼干吧。"就是这样一位对孩子绝对认真负责的学长老师，触及到了我对于这个职业的憧憬。

　　我的第三位师傅也是一位男老师——潘老师。潘老师是上海市第一位幼儿园男教师，一直都是偶像级人物存在我的心里，和他的第一次深度交流至今我依然记忆犹新。因为我毕业论文的关系，需要采访男教师，于是我就找到了他。我问他："是什么让你坚持做到现在呢？没有更好的选择吗？"听到这个问题，他停顿了一下，然后说："怎么会没有。如果我想不做或者说去做个领导什么的，机会很多，但是！我不愿意！我为什么还在一线当老师，其实最大的动力还是孩子！""这话怎么说？"我追问道。"我刚做老师的时候，有个男孩子运动能力很差，每次运动课都很艰难，很多老师都会说这孩子怎么协调这么差，但是我就想试试，于是每次上课我都让他来做示范，一有进步我就表扬他，大力地表扬他，没想到这些他都记住了，回去还会努力练习，这些都是后来他父母对我说的。后来他毕业了，时不时还会来看我，现在已经出国读书了，仍然会给我发信息，说如果没有我的帮助，可能也成就不了现在的他！这句话让我触动很大，我从没想过自己的一些举动可以帮助一个孩子做到这样，所以这也成了我继续当一线老师的动力。"听完这个故事，我被深深地震撼了，我也好希望自己能成为像潘老师一样的老师，为了自己所坚持的一直奋斗着。

　　最后一位师傅就是我现在的搭班——孙老师。孙老师比我大十岁,我会俏皮地称呼她为"小妈",我们俩的关系属于很铁的类型。孙老师对于孩子可以说真的很温柔,像妈妈一样照顾他们,做起事来也是一丝不苟。有次我们家长开放日要制作蜡烛,但是万万没想到本来准备好的原料闹出了乌龙,可第二天就要办活动了,这可怎么办呢? 她立刻做出反应,给她家人打电话,让他去超市买原材料,但是得到的反馈是跑了好几家只买到一点点,不够用怎么办? 大家一起想办法,我也打电话给我妈让她去找一找,结果得到的反馈是都没有。这个时候她想到了一个好办法,把自己珍藏多年的一个雪人蜡烛拿出来,做成了原材料,而这个蜡烛她已珍藏了十多年,是她很喜欢的一件礼物,好几次搬家都跟着她,虽然有点心疼,但是为了班级的孩子们活动她仍然义不容辞地选择了拿出来! 这点让我很是佩服,把孩子放在第一位的这种从教态度值得我学习。

　　我的四位师傅,有着四种完全不同的特质,但是有一点是相同的,就是对于孩子的爱。平等地对待每个孩子,爱每个孩子,这是我跟着师傅的最大收获。

团队视角:

　　乌南每年都会给职初教师配备一位优秀的师傅,同时根据该教师特点,也会产生多对一的带教方式。每一个师傅带给青年教师不一样的感受,从而形成他对团队的认同与归属。同时,我们鼓励青年教师不在于照搬他山之石,而重于摸索形成适合自己特点的擅长之处,因为对于 5 年内的职初教师来说,"求生期"所接受的规范带教、跟教模式,可以帮助青年教师今后更好地自我发展。

行进乐培训来了老外学员

瑶瑶老师简历：

1990年参加幼教工作，期间曾赴美、法等地工作生活4年。2008年归国后加入乌南幼儿园，曾获区骨干、区骏马奖、市优秀家长工作先进个人等荣誉与成绩。现任境外部课程主管。

瑶瑶老师自述：

乌南幼儿园师生行进乐培训项目已开展了两年，最初是境内班的老师和孩子参加培训。师生行进乐培训一学年后，在幼儿毕业典礼演出上成功亮相，好评如潮。园部领导考虑到为了能让乌南所有孩子获得发展与受益，决定境内与境外大班幼儿共同参加这项培训。但是由于每一届带大班的班主任老师都会不同，而且每一年表演的曲目也是新的，因此培训项目的带教老师与园部商量协调后决定新学年的第一学期先集中培训老师们，让老师们对每首新曲目的每个声部、每个乐器都先学会，并带回到班级让孩子们先试练起来，第二学期培训重点是与孩子们一起共同排练。

这样的决定与改变让原来只有中教老师们参与培训转变成境外班外教的共同加入。好多个问号一下子都从我的脑海中蹦了出来：外教能接受吗？参加培训的中教都有着良好的音乐素养与基础，外教对此会有兴趣吗？他们愿意吗？每次培训时间都是在外教带班时，如何与中教协调？平时培训都用中文，外教怎么能听懂？一连串的问号闪现后，让我陷入了深深的思考，在与同伴讨论中产生了相应的措施。

我先与外教进行了约谈，告诉他们园部的想法与决定，外教欣然接受,并愿意尝试。随后,我与中教就带班及幼儿培训等事项进行了沟通,取得了中教的理解与支持。另外,由于培训老师来自台湾,考虑到外教的加入,我建议老师采用中英文双语的形式进行培训,不仅帮助我园中教英语水平的提升,也能使外教听懂每次培训的内容。在期末教师行进乐表演的亮相中,外教认真投入的神情深深吸引着每一位观摩的老师,而中外教的合力也使行进乐队的成果更为凸显,而受益的一定是孩子们。

团队视角:

乌南跨界培训的力度在区域内首屈一指,从艺术到心理。2014年率先引入幼儿教师的行进乐培训,2016年组织教师专程赴台湾进行互访交流,这些培训机会极大地拓展了乌南教师的视野,在专业上也提升了具有艺术特长的教师的眼界,中外教共同参与有利于幼儿的整体发展。连续两年的大班毕业典礼上,来自境内外大班孩子的行进乐演出都博得了家长和社会的高度赞赏和肯定,也从一定程度上印证了培训造福于教师和幼儿发展的"双赢"效果。

项目组中的好领队

宋老师简历:

2010年参加幼教工作,2012年加入乌南幼儿园。现攻读华师大硕士。目前担任班组长。

宋老师自述:

初到乌南幼儿园,我结合专业特长加入了创意美劳项目组,在组内我结识了水墨画"大师"陈老师。因为共同的爱好,我们经常聊起关于幼儿艺术的话题，之后又有幸参与了乌南幼儿园为教师差异化发展提供的研修平台，我和陈老师一起进行了艺术领域的专项培训。起初我是抱着开阔眼界的心态，如大学上大课一样，并没有多少重视。可是我身边的陈老师状态却很投入，她用手机记录下了研修的所有内容，对老师布置下来的制作任务精益求精，当时我疑惑陈老师为什么要那么认真？做好了又没有地方用，知道研修的大致内容不就可以了吗？后来我了解到这是陈老师一贯的工作态度，她珍惜每一次研修的机会，因为那是园部结合每个老师的教学特色而提供的培训机会，因此陈老师总是全力以赴，拿出最好的状态，这是陈老师对待工作的态度，更是对自己人生负责的态度。从那以后，我不再怠慢每一次外出研修的机会，谨慎认真地积累研修中的内容，不断丰厚自己的专业。

陈老师还是一位非常无私的老师，她愿意分享自己积累下来的所有经验，只要青年老师有需要，她都会想法设法地把自己知道的都告诉你，不仅把她当时能想到的及时分享，那段时间里陈老师还会再去搜罗更多的信息持续不断地支援。这一份关心总让我感到非常的温暖，加速着我对活动的思考，一想到什么好的措施就会立刻与陈老师分享，请教陈老师这样是否适合幼儿等等。当我遇到困难苦恼时，陈老师总会耐心地和我一起想办法，当时拿不定主意时，陈老师也不会草草了事，她认真地说："让我回去再想一想。"第二天，我还在苦恼时，陈老师竟然笑咪咪地来找我，和我说她想到了哪几个方法，陈老师的好办法果然激起了我许多更加好的想法，而且还更容易操作，更贴近幼儿。那一刻我看着陈老师特别的感动，她把我的疑惑当作自己的疑惑那样对待,陈老师的上心激励着我,同时它也是一分警醒,使得我不断地加高对自己的要求,认真对待每一次挑战······

陈老师以身作则,用行动向我展示着一位优秀的乌南老教师的风采,推动着我向更高的方向成长。我感恩身边有那么多自身修养好又乐于助人的领导们和老师们,让青年教师如雨后春笋般不断成长,激发青年教师的自主性,各展所长为共同的乌南付出自己的力量!

团队视角:

基于差异化发展的课题推进,我们组建了教师项目组,通过具有相同特长、兴趣、爱好的教师的日常研究和实践,促进教师在某一领域的深入发展。当时宋老师是具有美术特长的教师,也是新加入乌南团队的成员,她受项目组中的关键人陈老师的影响,在接受指导和帮助的同时,自身业务也获得飞速发展。2016年宋老师成为年轻的班组长,推进课程的实施,协调着班级里的一切事务。

走教,使我成长

金教师简历:

2012年毕业于华师大学前教育本科,同年入职乌南幼儿园。期间获得学前教育硕士。目前担任乌南境外部班组长。

金教师自述:

进入乌南幼儿园工作已是第五年,从学生到教师身份的转变,成为我人生经历中的重要部分。回想第一次来到乌南时,我还是一个仍身处课堂的学生，脑海中充满了对学前教育的想象。踏上工作岗位后，曾经的设想逐步成为了现实，我在孩子们的身上找到了未来的方向和目标。在这过程中，也经历了许多事件的历练和挑战。

工作第四年，我有幸和经验丰富的石老师搭班，成为小班的班主任。石老师亲切的教学风格，专业的家长指导，以及严谨的思维，成为我学习的榜样。面对新小班，如何让尚未建立秩序感的孩子们尽快适应一日生活，成了我最关注的问题。在石老师身上，我看到了每一个细节中流露出的专业自信。

尤其在一起突发事件中石老师给予的支持，令我至今印象深刻。小班下学期，境外班一老师因病请假。经过团队的协调，我走班进入该班级担任班组长的工作。在这一个月中，我得到了石老师和境外部教研组长的有力支持。对于相对陌生的境外部课程，有丰富经验的石老师给予我在教学和家长工作中的有效建议，使得我能在两个班级的走班工作中保证两个班级活动的有序开展。与此同时，在园部领导和境外班教研组长的大力支持下，我很快适应了境外班的班务工作。每周和教研组长讨论周计划，确定班级大活动方案，有序开展班级家长工作……通过一个月的时间，有序推进班级原有的教学计划，使得班级平稳过渡。

在新学期中，我被调任进入境外小班独立担任班组长，面对全新的孩子和家长，之前一个月的走教经验让我更有自信独立开展班级工作。当面对孩子的不稳情绪时，我想起了石老师生动有趣的儿歌和游戏；当家长有疑问和困惑时，我运用走班时累积的家长沟通方法和策略；每当开展一次班级活动前，我都会反复确认细节，如同在以前在境内班开展活动前的准备一样。

乌南为青年教师搭建的平台让我们在挑战中成长,在历练中走向成熟,每一次经验都让我不断反思自己的教育行为,也让我走好专业成长的每一步。

团队视角:

金老师的成长故事反映出乌南幼儿园让青年教师在任务中挑战自我、在适当加压中促进成长的培养理念。金老师性格沉稳,善于反思,在境内班配备优秀师傅带教,但长远发展也希望其去境外班锻炼。面对人事的变化,在园部的挑选与合力支持中,金老师在承担自己班级任务的同时又跨境外班带班的任务,这是一件极具挑战的任务,但是通过这种"走教"式的带教中,金老师很快了解了境外班的运作模式,也为新学期其进入境外班工作奠定了良好的基础。

我与男搭班的创意星空

王老师简历:

2005年参加幼教工作,2013年加入乌南幼儿园。现担任班组长、年级组长。

王老师自述:

可能对于一个公司来说和男同志一起工作是件很正常的事,但是对于幼教这个职业,男性还是比较少。我在幼教工作的第十年开始与刘老师,这位专业出身且很比我年轻的男教师合作。俗话说"男女搭配,干活不累",真是这样吗?

刘老师的想法确实新颖独特,有别于我以前几个女搭班,他设计的活动也非常受孩子们的欢迎,但布置环境成为我们共同的弱项。在四个大班中，我们班环境总显得有所欠缺，粗糙且没有美观性。刘老师是个非常会站在孩子角度思考问题，不管做什么事都很尊重孩子们的意愿。电影《变形金刚》热映，孩子们突发奇想在角色游戏中开启了"星球大战"的基地。"赛博坦星球"在教室里玩得如火如荼，把桌子倒过来绑几根运动中的跳绳围住就变成了"秘密基地"，这样天马行空，没有生活经验的游戏，使教室变得吵吵闹闹，也凌乱不堪。应该以怎样的呈现方式既能满足孩子们的愿望又能锦上添花让班级环境一举两得创设得更好呢？我很苦恼地想了一番，与其玩些不实际的、还不如改变孩子们的游戏方式。下班后，我特意将自己的想法与刘老师沟通，作为班组长的他却说："角色游戏是什么？不就是通过扮演角色、运用想象，创造性的游戏，虽然星球大战离我们生活遥远，但是通过这个游戏让他们能自主地回家通过网络或父母的帮助收集大量的信息，这不也是生活经验的呈现吗？"我觉得也有道理，但如何解决现有实际问题呢？于是，我们一起讨论，最后决定用多种材料进行装饰各种星球，悬挂在教室的游戏区域，整个教室环境变得像银河系一样神秘，而幼儿活动区按活动需要，选择合适的场地，规避危险性，等。慢慢地，我们和孩子们还衍生出了星座和探索宇宙的主题，孩子们在游戏中既体现了自主发展，又玩得快乐尽兴。

其实，不管男女，每个人都有自己的优势和不足。虽然在环境布置上，我和刘老师都有不足，但基于我们对工作的热爱与对孩子的教育价值的统一，许多班务工作都在扎实推进，而我们也常常在争论中达成共识，付诸行动。而刘老师的创意经常带给了我很多的灵感，也让我看到了一位青年教师的努力与追求。

我、我的男搭班和孩子们共同营造着"创意星空"。

团队视角：

幼儿园男教师富有个性、行动力强，但对于刚入职的男教师，熟悉班务是他们的第一要务，所以在男教师的搭班和带教师傅选择上园部也有特别的考虑。首先她要有较高的专业热情和专业自信，引领男教师专业成长。其次，也需要有一颗宽容的心，能给予男教师充分的尊重和包容，如案例所言，两者从互相磨合，互相适应，到双方互相优势互补，互相支撑，共同发展。

我的第一任搭班

莉莉老师简历：

1996年参加幼教工作，2015年加入乌南幼儿园，曾获区优秀青年称号。目前担任班组长。

莉莉老师自述：

人的一生忙忙碌碌，有了家生活才变得有趣；有了家，工作才能顺心；有了家，才懂得什么叫关爱，什么叫珍惜。乌南是我另一个"家"，家的归属感犹如一只看不见的手，形成一种内在的自律性因素，不仅能有效地规范和引导我的行为，帮助我从更客观的角度、从更高的视点理解学校的各项管理决策，提升自我对自身职业的满意度，把"家"的发展与自己的荣辱视为一体，同时能最大程度地激发我们的内在潜力、主动性、创造性，以主人翁的精神对待"家"的各项工作，提升对职业的幸福指数。

2015年8月，当我踏进"家"的大门，"家长"龚老师和我促膝长谈，介绍了我入园后第一任搭班将是姜老师，她是区风格教师，在美术名画欣赏教学上有独特见解，但身兼数职，工作繁重。龚老师语重心长地对我说："在乌南班组搭配上，并没有两名小高级教师结合的先例，之所以安排你和姜老师组合，不是偶然，而是希望你在第一年浸润乌南过程中快速适应，全面掌握班级的管理工作，并从她身上多学多看、扬长避短。"一番谈话，顿时让我有了归属感，有了专业成长的需求，不仅仅是教学成长的需求，也是思想成长的需求。

带着浅浅的好奇，我和姜老师的"小家"大一班诞生了！很庆幸能和这样的好老师搭档，快乐地开启我迈入乌南的第一步。姜老师虽常常被一堆琐事缠身，但仍不忽视班级管理工作，365天如一日早早来园，整理教室准备材料，姜老师倾注了大量的心血与创意，设计出适合班级幼儿活动的方案，例如"节日小报""小小备忘录"等，与家长们及时反馈幼儿在园情况，常常互动到深夜。

我在与她搭班的过程中，学到更多的是工作的态度，也激励了对自我的要求。姜老师爱发微信，从她的朋友圈里常看到工作到很晚的她在撰写各类计划、专题，周末陪儿子读书时也在忙碌思考工作，平时她只要看到好文都会和大家分享，有着实现同伴互助的胸怀，不是一人好而是大家好、乌南好。

当然，事要自己做，关要自己闯，路也要你自己走。我始终相信，一个人只要不停地走，总有一天，能到达她内心想去的地方。身边有着这样好的榜样，我会更加沉下心来，专注当下，相信，时间会给我想要的答案，让我变得更成熟。

团队视角：

莉莉老师是一位心灵手巧、又有着多年教龄的成熟教师，在刚来乌南时,园部反复斟酌了她的搭班安排,作为教学经验丰富的成熟教师,但却是乌南的一名"新"兵,与乌南的"中流砥柱"进行组合,可以让她了解乌南的文化,让乌南独特的家长工作融入她已有的班务管理经验,从而实现"双赢"的班组团队建设。

会实践也要会诠释

钱老师简历:

1997年参加幼教工作,2001年加入乌南幼儿园。曾获得市教育教学二等奖,区教育教学一等奖、骏马奖。现担任境内部课程主管。

钱老师自述:

乌南作为华师大领衔的社会PCK研究的实践基地,承担着研究与实践的任务,也是目前乌南研修的主要内容。园长对我说:我将作为这个任务的具体引领者。我深思了一下,一口答应。因为这是我擅长的做法,结合大教研,借助专家引领,参与核心组的学习与实践,收获新信息。

在培训中,我不仅扎根在一线课堂,同时还带领着团队成员们外出学习和共同研究,取得较好的成果。之后,园长又将全国核心会议上主题发言的任务交给了我,她说:"实践是一方面,还要静心总结予以检验、辐射和推广。"当我听到这个消息的时候,心中不由紧张万分。焦虑的是,这是一次规格很高的发言,参与的人员都是市级乃至全国的著名专家与优秀的幼儿园园长与团队;担心的是,我代表着乌南幼儿园,乌南的水准与能力将由我来体现；害怕的是，我的工作将受到大家的审视，到底做得好不好，评价的话语权在别人手上。面对着这次发言，我该怎么办呢？是退缩还是前进？我思考着……最终我决定用自己的努力来完成这次发言，这是一次梳理幼儿园实践与研究的好机会。为此，我和团队共同磨合，精心准备，从理论学习开始，到实践研究跟进，将研与行结合，同时梳理出一些关键问题，以及研究后的反思与再思考。最终，当我自信地站在台上，坚定地说出"研之有理，教无痕"的时候，我真切地感受到"专业提升"的自豪感和自信心。这次现场的发言得到了同行的好评。也开启了我们作为实验基地的再发展之旅。

团队视角：

乌南提供了多样化的培训，希望不同层面的教师在其中都有收获与成长。钱老师身为园部课程主管，不仅承担着各项研训引领者的职责，同时也在多项研修过程中以身示范。她的实践已经比较成熟，园部在此基础上赋予更高的要求，使其自身梳理、思考能再予以提升，也能更有目标地带领着团队去发展这场发言，也充分展示了乌南幼儿园不同教师的专业实力。

指尖上的教研

蓓蓓老师简历：

1996 年参加幼教工作，2013 年加入乌南幼儿园，曾获市新长征突击手，市中青年教师教学评比二等奖、市青年教师教学研究一等奖等荣誉与成绩。中高级教师、区骨干教师。目前任教研组长、外调任区教研员。

蓓蓓老师自述：

　　元宵节前夕，幼儿园策划了一系列民俗大活动，其中有一个内容是在大礼堂进行"观看电影"的活动，以往均是教师提供动画片、幼儿整齐划一被带入大礼堂进行观影的模式，但是这样的形式真的为孩子们所喜欢吗？真的反映幼儿生活中关于看电影的经验吗？又与乌南所倡导的自主性教育理念相匹配吗？……这些萦绕在脑海中的问题，成为我们大班教研组设计调适这次大活动的契机。

　　于是，我们在教研组内进行了一次深入讨论，但是受时间制约，第二天就要举行"看电影"活动了，还有很多细节没有来得及在教研活动中得到解决，怎么办呢？

　　受"互联网＋"的影响，我们灵机一动，各自回家的大班老师们，临时用手机组建了一个网上的"手指教研群"，开始了热烈讨论"乌南电影院"的活动方案教研……

　　我率先在群里提出想法，立刻在组内引起了热烈的讨论，组内的成熟教师们积极带头参与讨论，纷纷发布意见，组内每一位教师都在这个平台上你一言我一句不断完善活动方案，而园部课程主管也围绕课程予以点拨，人人参与，群策群力。随着讨论的不断深入，各班第一时间通知家长，获得家长志愿者的鼎力支持，整个研讨一直持续到晚上。

　　由于对活动各个环节的讨论具体、细节思考周全，第二天准备工作紧张但却有序开展，近二百名幼儿的电影票制作、座位的编排、场地的布置、幼儿选座等大量的工作，老师们、家长志愿者相互配合，紧锣密鼓地落实着，只为打造属于孩子们自己的影院。

整个活动从发起，到研讨，到落实仅仅用了 18 个小时，中间还包括晚上睡觉的八小时，这是大家齐心协力，相互配合的成效，无论是组员的积极投入，还是园部的积极支持，大家凝聚成一股绳，一切为了幼儿的发展。

团队视角：

"互联网＋"的时代挑战背景下，尝试有效整合碎片化的学习空间，如何让一次常规活动成为孩子发展的契机，使教育价值最大化，让孩子们收获精彩时刻。大班教研组积极主动地落实自主性课程实践，作为教研组的带头人，又善于调动每一位成员的主观能动性，挖掘、找寻、提供幼儿自主性发展的更多时间与更大空间，"指尖教研"，不仅让我们看到乌南教研团队的集体智慧，也感受到他们敬业团结的力量。

第三节　"多元化"的分类评价

评价以促进幼儿教师不断发展为主旨，因此，在对教师进行评价时，要确保教师评价源自于合适的方法，能使他人对评价的过程和结果产生信任。考虑到幼儿教师个体存在差异，为了使评价更客观、全面、科学，采用多元自主的理念，分层评价的方式，支持幼儿教师的差异化发展。

一、多样化的评价主体

参与幼儿教师评价的对象是多元的，由单一的评价组评价转化为多方参与评价，力求评价的客观、公正，提高教师参与评价积极性,实现以评价提升教师专业能力与素养。

1. 自我对话的教师自评

评价过程中先采取自评的方式,自我对话的教师自评是以幼儿园相应层级教师评价指标和个人专业发展规划目标为自我评价的标准,以个人成长档案袋、个人的专业行为表现和个人的勤绩为主要内容,比较对照,自我评价。评价的目的不是与同伴横向比较,而是进行自我内心的真诚对话。此外,进行信息化的自评与他评。基于大数据的课堂背景,引入新的评价工具iPad,在每次的教研活动中,教师自主使用 ipad 工具对活动进行自评或他评,这些日常性的数据积累成为教师发展的一项重要依据。

2. 同行互助的教师互评

互评的过程是教师间促进专业发展的互学、互助过程,也是共享资源、互相启发的过程。幼儿园以分层评价体系、教师的个人专业发展规划、个人成长档案和专业行为表现为主。评价采取常规的、阶段性的形式,也可以是不定期的、针对具体活动、具体问题的,有公开活动展示、教研活动研讨等。

3. 引领发展的团队评价

团队评价由幼儿园课程管理人员和骨干教师为评价主体。主要通过听、看、查、谈等方法,形成评价结果。最终用评价报告单的形式对教师的专业发展状况给予客观的评价并提出建议的评价方式。多样化的评价主体重在了解、掌握教师的专业发展状况,有针对性地引领教师的专业发展。在实施教师互评、团队评价中,都要注重评价反馈,依据个人绩效评估情况及个人三年发展规划,分层进行个别反馈与交流。反馈过程可以是园长和中层干部、部分教师沟通,可以是中层主管与教研组长、部分教师沟通,也可以是由教研组长与本组教师沟通,覆盖率均为100％。

二、全方位的评价内容

评价内容主要分为日常评价及期末评价两条主线。

日常评价包含师德规范、安全工作、教育教学和家园协作四个版块等保底性内容。其中,师德规范包括遵守教工手册不迟到早退,关爱幼儿等师德保底内容;安全工作包括确保安全,环境整齐及配合保健工作等;教育教学要求遵守一日作息、备课、课例随笔等教学规范;家园协作做出了关于家长开放日、幼儿成长册、家长沙龙、网络更新等方面的要求。日常评价从这四个版块对所有教师提出了保底内容的要求。

期末评价则更针对幼儿教师的教育教学水平,体现了层次性。不仅涵盖了教育教学方面的集体教学活动的评价,研究水平方面的专题,还包含不同教育技能评价。主要有以下几点:

1. 版块评价把握方向

主要针对二期课改四大版块——学习、运动、生活、游戏,确保幼儿教师专业能力全面发展,夯实教师对二期课改教参的领悟能力,教育理念的导向性,把握专业能力的方向。

2. 理论研究厘清思路

主要包括专业能力笔试和教育研究总结。意在提升教师发现问题的意识及能运用科研的思路来指导日常工作的实践能力。

3. 技能评价提升素养

由于幼儿园工作的特点,幼儿教师需具有专业技能的全面性,才能满足教育教学的需求。技能评价分为两个层次,第一层次:才艺技能。例如:绘画、钢琴、歌舞等,满足对幼儿教师全科特质的要求。第二层次:专业技能。例如:观察、解读幼儿、创设课程环境等,专业技能的提升更科学地了解幼儿,促进幼儿全面发展,多层次的技能评价全方位可以有效提升幼儿教师专业素养。

幼儿园工作的特殊性决定了教师的专业发展导向,在均衡完成基本职责的基础上,同时又需在自身专业发展上被要求不断提高和改进。全面评价所涉及的几个方面基本涵盖了一名幼儿园教师所具备的能力,同时也不偏颇某一个方面,真正地在"全"上做到面面俱到。全面评价有助于教师清晰地认识自己能力的优势与不足,取长补短,最终提升幼儿教师整体能力。

三、分层式的评价指标

对于幼儿教师的评价指标除了能体现各情境工作表现的同

表 1　乌南幼儿园教师课程实施分层评价与支撑平台

名称	教龄	关键词	课程实施分层要求	支撑平台
职初教师	0—5	求生存重保底	1. 了解上海市课程指南。 2. 与带教导师共同了解乌南幼儿园课程方案，理解实施原则，保底实施基本内容	境内部班主任； 园潜质教师； 配班选择性活动
青年教师	5—10	求仿生重规范	1. 逐步感悟课程的教育内涵和价值。 2. 独立实施课程，规范教育行为，提高日常教育教学质量	境内、境外部班主任、班组长； 教研助理、教研组长； 项目组组长、任教选择性活动； 园潜质教师、骨干教师
成熟教师	10 年教龄以上	求创新重特色	1. 围绕课程理念，把握课程价值，适时适度调适与创新课程内容。 2. 寻找自身优势，注重实践研究，逐步形成教学特色	境内、境外部班主任、班组长； 区见习教师的导师教研组长、年级组组长、主管； 项目组组长、任教选择性课程； 园骨干教师（45 岁以上视成绩可破格园骨干教师）
骨干潜质教师	不分教龄	善引领重辐射	1. 创造性地实施课程。有 20% 的专业调适课程自主权。 2. 带领团队参与课程方案的调整与创生	市、区级课题申报与研究； 各级各类引领与展示交流； 为市区骨干幼儿教师

时，还应该从幼儿教师专业化、个性化发展的角度出发，从而促进教师的全面发展。因此，幼儿教师专业标准的制订是不容易的，它需要一个较长的系统过程。分层式的幼儿教师评价能有

效地让每个阶段的教师明确自身的"最近发展区",根据每个教师的具体情况,提出不同的要求,达成不同的目标,使每个教师都能在不同的水平上得到提高。

教师在明确自我定位(职初教师、青年教师、成熟教师)后,经过分层次评价,了解自身与评价目标的差异,从而明确努力发展的方向,从而缩小与目标的差异,激励着教师团队不断进取,搭建了每个阶段的教师发展平台。

对于职初、青年教师,分层评价符合不同发展阶段的教师发展需求,让每个层面的教师都有自我提升的空间,各阶段教师的评价要求不同,这让评价要求更加适切。因此,青年教师对自我的发展目标也就更加清晰。当青年教师面对处于相同发展阶段的群体中,在评定中得到高度的肯定和评价也成为可能,由此形成良性循环,能更加自信而从容地对待工作,幼儿园也涌现出一批又一批优秀的青年教师。

对于成熟、骨干教师,分层评价不仅让教师更加明确自我的定位,与此同时,还能了解群体的发展水平,这也在无形中促进了部分处于瓶颈期的成熟教师及时调整工作状态,积极投入到专业引领的工作中,时刻紧跟甚至超越幼教行业发展的洪流,不断突破自我,开拓创新。

分层式评价在解决青年教师达成保底规范的教育教学目标的同时,也在推动成熟教师逐步形成创新的教学特色,从而再发展成为骨干教师,辐射引领整个教师队伍的全面发展,以不同要求评价不同层次教师,给了每层次教师的发展目标。以集体教学活动评价为例:

表2　乌南幼儿园集体教学活动分层评价表

层次	分层要求				
	教案设计	师幼互动	环节推进	教学实效	反思
职初与青年教师	可模仿或改编成熟、经典教案	尊重幼儿,倾听幼儿,回应幼儿,小结语清晰。避免重复幼儿回答或跟随幼儿离开目标话题	按教案推进环节,有序提问,并能根据幼儿的回答进行基本的互动并小结	基本达成活动目标,凸显教学活动完整性	能对活动进行客观的评价,找出亮点与不足
成熟教师	原创教案,目标制定年龄特点把握准确,重难点适切,环节设计清晰	重点提问清晰,能根据幼儿的回答进行辅助提问跟进,当出现互动难点时能围绕目标主线进行有效互动。善于倾听幼儿并梳理语言,表达简练	环节清晰,过渡自然,重难点明显,并能采用有效手段进行化解。时间分配合理	达成活动目标,活动推进有序,重难点落实,课堂氛围融洽	围绕课程,能对照目标进行清晰客观评价。对重难点的落实分析有理有据,并提出相应的修改建议,完善活动
骨干教师	原创教案,并能凸显课程特色或个人特色	能根据现场幼儿反应,及时调整策略。通过提问、追问、反问等多种方式,化解难点与问题。智慧地调动每一个幼儿的参与积极性。互动语言精练,有提升,小结语能体现活动目标。师幼互动流畅质量高	环节推进有序,层次分明,节奏把握得当,重难点解决策略有效	达成活动预设目标,课堂氛围融洽有趣,幼儿获得感强	围绕课程,全面分析活动质量。从目标、环节、互动、实效等方面着手,梳理亮点与不足。并能根据问题提出有效调整建议

　　分层评价的效果从教师和团队两个方面加以凸显。教师能够通过分层式评价明确自身的定位和发展目标,团队也能够了解每个阶段的重点目标,以及明确教师的发展水平和特色,更有

效地做好引领和辐射的工作。

四、动态化的评价方式

对教师的评价必须体现到幼儿教师的教育工作中去,首先就必须做到评价的全面性,即从教师的职业道德、文化素养、教学能力、家长工作、参与意识、终身学习、教育科研等方面作全面的评价。其次,对幼儿教师评价指标的制定必须是全方位的,园长、保教主管、教师、幼儿、家长共同参与完善指标的制定非常必要;再者,特别要强调遵循发展性原则,即注重教师的完整发展过程,过程性评价注重幼儿教师在评价过程中的成长而非单一看中某个评价结果。

1. 由时间点延伸到时间段

时间段指的是不再是学期末的一次性评价,而是采用每月重点监测与期末评价相结合的方式。用发展的眼光看待、发现每一个教师和班级在不同时间的亮点和增长点。

2. 由小组评价转化为群体评价

评价内容本身存在着差异,需要采用不同的评价方式与融入多个评价人进行评价。这样才能更具针对性,也能更大程度地发挥评价的实效,促进不同层次教师的发展。例如:集体教学活动评价的专业性较强,因此,我们采用专家甄选在先,评价组评价在后的方法进行评价。又例如:对于个别化学习活动,我们采用自评、互评、评价组评价的多种方式进行,意在引导教师通过相互观摩的方式,不仅了解自己在群体中的水平,找到自身的差距,同时也学习到他人的亮点,并为继续努力确定好突破点。

3. 由静态评价转变为动态评价

评价不是一成不变的,需要在过程中做动态的调整。在每一次评价之后都有团体或个别教师的反馈,在反馈中会出现许多问题,而这些问题有指向教师的个体差异、有对评价标准的质疑、有对考核内容的想法等。评价组对这些问题进行梳理和归类,经评价组讨论之后,进行了适当的动态调整如:评价内容的动态调整。

案例：运动指标的纳入

在某次教学技能评价之后,幼儿园的男教师普遍成绩不佳。男教师纷纷提出：在评价内容上是否能向男性倾斜。基于问题,评价组进行了思考：当下评价的内容的确对于男教师而言有困难。在技能评价内容的选择上,的确没有考虑到男女差异,优势差异。从公平公正方面考虑,对内容的选择的确需要进行调整。为此,通过对男教师的调研,在评价内容中增加了运动方面的内容。

评价的最终目的是提升教师专业能力发展,评价的内容是根据当下幼儿园的发展及教师发展需求,进行动态的调整,同时也要把握一个度,做到基本的公正公平。

评价方式做动态调整,单一的评价方式会导致教师对评价产生倦怠感,同时,也不利于在动态中对问题进行调整。为此需要根据具体问题,进行评价方式的动态调整。这样的调整更有利于针对问题,提升教师专业水平发展。

案例：从上课到说课

集体教学活动，原本是教师直接展示现场教学活动。但是我们也发现，老师们的教学能力水平有差异，一些能力弱的老师现场教学活动质量并不尽如人意。为了帮助老师提高设计活动，实施活动的有效性，我们取消以往直接开课的方式，而是采取先说课、后上课展示的方式，形成了先说课再上课的模式。但是实践下来又发现问题，部分老师说课的质量也不高。基于过程中的问题，我们再次调整，先是评价组进行教案初审，帮助老师进行第一步甄选，在选材、设计业把好方向。有了这一环节，教师们在集体教学活动的选材和环节推进，重难点把握及最后实践有了一个逐步推进的过程。

评价标准做动态调整。考虑教师自身存在年龄、性别、资历等方面的差异，我们对部分评价内容的评价标准做了细化与调整。例如：对于钢琴弹奏的评价，就对男教师与年龄大的老师的评价标准适当降低，改变了以往一刀切的评价标准的形式。

五、我们的故事

竞聘落选，但我无悔

妮妮老师简历：

2011年毕业于上师大学前系，2015年加入乌南幼儿园，曾荣获过上海市规范化见习教师研修优秀学员、区园丁奖等。同年，园部力荐她参与华师大数学 PCK 团队的学习研究。

妮妮老师自述：

"10分钟"是我家离原来就职的那所幼儿园的距离，"一小时"是我家离乌南幼儿园的距离。在工作第四年我离开了离家步行仅十分钟的幼儿园，毅然决然地来到了乌南幼儿园。当时我的家人反复问我："你想清楚了吗？现在的幼儿园不是也很好嘛？没必要舍近求远。"我告诉家里人："我要去乌南！虽然花在路上的时间由10分钟变成了1小时，但是乌南对我而言就是有专业发展的地方。现在有这样的机会为什么要在意这点路程呢？"

2015年7月我离开了家门口的幼儿园，成为了一名乌南幼儿园的教师，回想起第一天踏进这个校园至今还兴奋至极。我感受到了自己逐渐成为一位专业幼儿教师的自信，而且有了更多成长的机会。

刚进入乌南幼儿园，就遇到了两年一次"潜质教师、园级骨干教师"的竞聘，在教研组长的介绍下我回忆起自己的职业生涯，我心想：在过去四年里，我在专业成长的道路上也经历了第一届的上海市规范化见习教师的研修，荣获了优秀学员；之前在原来的学校里也有几次参加比赛的经历，还被评为"区园丁奖"，我为何不试试呢！就这样我递交了自己竞聘的材料。

竞聘反馈的日子来了，龚老师邀请我来到园长室，我忐忑地坐在她的面前，她语重心长地说道："妮妮，你要做好落选的心理准备哦！"我内心"咯噔"一下。她继续说道："妮妮，你来到乌南时间不长，大部分的老师都还不了解你，所以可能很多老师会选自己熟悉的教师，但是我们很高兴你能够有勇气提交竞聘的材料，你还愿意继续站上去竞聘吗？"我说："龚老师，我很高兴能够来到乌南幼儿园，我很想站上去试一试。"龚老师说："妮妮，如果今天没有选上也不要气馁，因为乌南专业提升的机会和发展的平台非常多，即使这次你没有选上，也可以当这次竞选是你站上这个舞台给大家一个认识你的机会。"

我踏上了竞聘的舞台，紧张在所难免，我想这是一次挑战，也是一次展示自己的机会。虽然最终我并没有被选上，但想起龚老师的话我并没有因为落选而感到气馁，反而在这个舞台上我看到了更多具有专业素养的教师，看到了自己继续努力的方向。感受到来自领导的鼓励和建议，我更加坚信来到乌南的选择是正确的，在这个优秀的团队中，乌南的领导们和优秀的教师们给我的专业成长照亮了前行的路。

团队视角：

妮妮老师在应聘中就以认真、好学的那股儿劲令我们心动，入职后，在岗位上勤学苦练，深得孩子们、家长、搭班导师的喜爱。但毕竟其进入乌南时间短，得知其竞聘园潜质教师，园部商议下，基于保护年轻人自主发展的积极性，事先特意与她进行了沟通交流，使其能在不同结果下依然保持专业的热忱和执着。

"菜鸟"组长成长记

怡老师简历：

2007年毕业于华师大学前教育，同年入职乌南幼儿园。曾任语委会、上海话试点校负责人等，现任境外部班组长、教研组长、园骨干教师。

怡老师自述：

2014年的夏天，是我在乌南工作的第7年，也正是在这一年,园部领导和我进行了一次深入的谈话,大致是让我在即将到来的新学期,担任境外中班的教研组长。虽说境外中班教研组只有 3 个班级,但也让"菜鸟"的我心跳加速,不知所措。下学期的教研重点是什么呢? 我该怎样去开展每两周一次的教研活动呢? 这一连串的问题着实让我为难。

我利用暑假的假期,翻阅了历年境外班的教研计划和课程方案,很满意地写完了自以为不错的教研目标。新学期开学,我也迎来了第一次的"教研组长例会"。当富有经验的教研组长们流畅地表述自己的教研计划,并适时地对其他级组的教研计划提出具有建设性的意见时,我默默地低下了头,不禁感叹"当教研组长是专业的活儿,不是一件容易事"原来每个教研组长都需要用丰富的理论知识和对课程的熟识度来武装自己。教研组长例会成了我取长补短、汲取经验的重要场地。

虽然小教研每两周一次雷打不动地活动着,虽然我的教研计划中针对每一次的小教研都有了详尽的教研预案准备,但每当我遇到小教研安排时,总会低落地对自己说一声"怎么又要教研了?"其实,这是对自己教研能力缺乏信心的表现。作为"菜鸟"的教研组长,我常常报流水账似的将内容告知组员,跳过了沟通、跳过了讨论、跳过了教研最重要的"研",有一次让教研会议在 10 分钟内就结束。

但很庆幸,有着包容我这个"菜鸟"教研组长的乌南团队。教研组中有成熟、经验丰富的马老师,常常在我无话可说的时候,引发我们对于教研内容的思考,提出她的质疑。刚开始,面对马老师的质疑,我常常感到很害怕,因为她的思考比我深入,她立刻像教研组长般的角色转换来引领我要干什么。细想她的质疑又何尝不是在帮助我了解如何开展教研那个最难的"研"字，每一次的质疑也是对于我教研能力提升的机会。当然，教研组中也有着和我志趣相投、沟通顺畅的虞老师，像挚友一般支持着我每次教研活动的前前后后。教研前，我总喜欢和她聊聊今天教研说这些可以吗？怎样丰富我们的教研讨论。沟通中总会有火花的碰撞，让我在教研活动中慢慢建立专业自信。而园部领导的深入教研组，也常常使我获得有力的专业支撑。

正因为有了教研组例会的取经机会，也正因为有了乌南团队的包容和支持，让我这个教研"菜鸟"在摔摸滚打中成长，逐步走向成熟。

团队视角：

乌南会选择一批潜质青年教师担任教研组长、教研助理，甚至是到园部作轮岗的管理工作。这是激发青年潜力，为青年教师助推加码。同时，在安排团队成员时也会考虑新老搭配，保证团队的和谐发展与教研活动质量。如文中显示，成熟的有着教研组长经历的老师退居二线，帮助青年教师在实践中不断思考，在做事中成人。

"CHANEL" 教师的心路历程

姜老师简历：

1997 年参加幼教工作，2005 年加入乌南幼儿园，曾获市园丁奖、区"教书育人"楷模、区"育人奖"三连冠等荣誉称号。现任乌南副园长。

姜老师自述：

所谓"CHANEL"是我对自己在期末考核中均为 C 档的一种自我调侃。

结束产假的我重归单位，也许之前一年多都在家休息养胎的关系，也许怀孕之前一直都带的是中大班，面对从未接触过的小年龄孩子，我感到有些陌生。6 月底的考核，我上了一节"荷包蛋"的集体教学活动，设计缺少章法导致教学现场居然有孩子兴奋得爬上桌子，赫然一个"C 档"；专题小结交流时，我介绍了班级里开展的"手指谣"活动，但是缺乏理论支持的内容，又是一个触目惊心的"C 档"；与此同时，原本获得过徐汇区中青年骨干教师称号的我，此时又因病假天数太多缺少各种成绩在新一届的区骨干评审中"名落孙山"。对此，我不禁自我解嘲："两个 C 档，不就是香奈儿老师嘛！"

此时，当爱好美术的我收到一封来自特级教师培训班的邀请信时，我陷入了两难"纠结"，高兴的是有幼教大咖级别的培训机会展现在我眼前，发愁的是园部会同意一个刚遭遇考核滑铁卢的"香奈儿老师"去参加吗？于是，我抱着试试看的心态与龚敏园长提出了请求。没想到，她与我促膝深谈，探讨了我今后三年内的发展规划和方向，鼓励我继续夯实自己的专业特色。最终，园部同意在培训时间和经费上确保我得到这次珍贵的培训机会，这让我喜出望外。

乌南对于有专业追求和需要的不同教师，不会以一次考核来一锤定音，这让乌南全体教师都能意识到如果在专业追求上一旦懈怠，所产生的连锁反应会导致教师今后发展的偏离，正因为这样，每位乌南教师均努力自觉地在各自擅长的领域不断深入研究和实践着。最终我这位曾经的考核垫底"香奈儿老师"，逐步蜕变成熟起来：2013年后，我一步一个脚印向前努力着，连续三届囊括区教育系统"育人奖"、区优秀教师高研班的成员、区风格教师，并获得中高级职称。领导也授予我上海市园丁奖、区教书育人楷模等称号。

所有这些，都离不开乌南这片教师成长的专业沃土给予我的高度营养和深度动力，也离不开乌南领导同事给予我的厚度包容和支持。

团队视角：

考核不等于评价。乌南幼儿园历来重视对教师专业化发展的队伍建设，因此每学期的练兵活动也着锤炼每位一线教师的专业思考力与行动力。考核在于一阶段在同类型群体的表现，但评价的目的在于促进教师的再发展，尤其过程性评价注重教师在评价过程中的成长而非单一看中某个结果。作为管理层，最重要的就是用长远发展的眼光来看待每位员工，点拨教师发现自己在专业发展中的瓶颈与特色亮点，并重新审视自身在乌南的发展前景。从双C到骨干，姜老师所经历的在乌南不是个案，那些有着较强内驱力的教师绝不会固步自封，所以，团队与个体都客观看待考核中的"C"，也就形成了目前"团队互助、螺旋上升"的教师差异化发展趋势。

和园长的一次对话

虹老师简历：

2007年参加幼教工作，2014年加入乌南幼儿园，现任境外部班组长。

虹老师自述：

不知不觉我进入乌南已有三个年头，这三年是我幼教专业发展道路上最重要的三年。回想当初，我选择乌南是因为这是一所名声在外的优秀示范园，能进入这样的优秀团队，是我的荣幸，也是对我自身专业度的极大挑战。在这样一个高位的园所里，要求一定不一般，我对是否能顺利开展工作抱着极度忐忑的心情。

就这样，在暑假时我拿到了新班级名单，并惊讶地发现我居然带的是境外班，看着这份来自美国、加拿大、澳大利亚、日本、印度、瑞典以及中国港澳台等不同国籍地区的幼儿名单，那一刻真的是傻眼了，毫不夸张地说，我真以为是园部领导给错了班级名单。交流后才知道她们是根据我以前工作的经历所做的决定，再说，境外境内在一个园区，大家也可以互相帮助。开学后，我深深体会到了乌南的快节奏，这样的节奏是我始料未及的，一个人要撑起一个班级所有的事。为了跟上乌南所有老师的步伐，我几乎每天加班加点到天黑。这让我感到焦头烂额、心力交瘁。就这样我坚持了近2个月，背负着极大的心理压力，我有些忍不住了，开始怀疑当初的选择是否正确。

终于有一天，我鼓起勇气，找到了龚园长，说出了自己真实的想法——想要打退堂鼓，因为我无法体会到这份职业的幸福感。龚园长耐心倾听了我当时的心声，了解到我的困惑及自身的压力。她肯定了我平日的努力，给了我极大的鼓舞与信心，在谈话过程中，我印象最深刻的是当我说自己有孤独感时，龚园长也告诉我，作为一名园长的她也有孤独感，顶着巨大压力，接下一个又一个繁重艰难的任务，所有的决策都必须是她一人拍板和承担！是啊，当时我突然感到其实龚园长背负的压力远高于我，这样的"共通点"，让我感到作为一名管理者，她是一位能尊重我并会换位思考的领导，这是多重要的一点啊。接着，龚园长表示了对我工作的认可与肯定，她笑称我带着一支"联合部队"班，是个大挑战，因此非常理解我的压力与困惑，也能感受到我紧张的心，因为她早已关注到我总是皱着眉头，无法放松。是啊，园长把一切都看在眼里，并没有"忽视"我，她能说出"联合部队"这四个字，说明她对我班级的背景非常了解，我突然感受到内心一股暖流。龚园长接着说到，这样的历练对我自身专业发展来说是极大的提升，在这样高强度的工作环境中，我或许会有一开始的不适应，但她相信过了这道坎，我一定会适应并胜任这份工作。

短短的对话照亮了我的职业前景，平和的态度成为打开我心灵通道的一把金钥匙，此刻我并不孤独，我感谢乌南领导和同事们给予我的帮助，在这里让我找到了归属感！

团队视角：

虹老师在应聘中的带班经验、艺术造诣均显现出其能胜任境外部的潜力，所以，她成为了直接进入乌南境外部工作的第一人。但初次来到陌生的幼儿园，接触全新的领域，对一名一线教师来说，确实存在重重压力。在评价中，我们应顾及到这样的背景，及时了解、发现班级情况以及教师的心理状态，并给予积极帮助。在后续的工作中，依托团队，针对其具体问题采取互助互学，促进其在适应后获得专业的再发展。

静心练"长跑"

丹丹教师简历：

2015 年毕业于上师大学前教育本科，同年入职乌南幼儿园。曾代表区参加上海市见习教师规范化研修比赛，现担任班主任。

丹丹老师自述：

2016 年 6 月，作为职初教师的我见习期满一年，经过筛选，有幸作为徐汇区幼儿教师的三位代表之一，参加上海市见习教师规范化研修比赛。赛前准备、中期研修、最后比赛，共历时两个月，对我来说内心的起伏远比比赛来得更猛烈。

为了确保对比赛内容的熟悉与了解，赛前的研修与练习是必不可少的。每次的外出全天研修都是比赛的完整演练，个人的专业提升是快速而高质量的。区里专门邀请不同的、术业有专攻的专家给予我们建议与反馈；园长、课程主管、许多老师都为我加油鼓劲，提供力所能及的帮助，内心忐忑之余也深感幸运和感激。

比赛前期的焦虑恐慌、中期的踌躇满志、后期的紧张期待，在比赛当天到达了顶点。基于两个月的训练，我在研修时纵向横向的比较、个人的充分准备，比赛时的我信心满满，而得知结果是"落选""无名次"后，我看似平静地接受，但脑中却一片空白。难以置信的我甚至主动询问当时负责研修以及陪同比赛的老师，得到的却也是相同的结果。三言两语无法描述我当下复杂的心情，觉得一切的努力都是白费，终究让信任我的大家感到失望,那一刻我甚至觉得我给乌南抹黑了,委屈、疑惑、不忿的情绪几乎将我淹没。所有的安慰都听不进去,对自己感到失望,不想去思考关于比赛的任何事情,我知道自己钻了牛角尖。

事隔几天,情绪渐缓的我知道逃避并不是出路,客观分析、直面不足,才能避免重蹈覆辙。在课程主管的客观分析下,我渐渐打开心结,那句"缺乏自信或太过自信,都将是致命的"终于使我茅塞顿开,幼教的优秀人才层出不穷,努力的人也比比皆是,比赛残酷而真实,需要绝对的实力。我又怎能自怨自艾? 那才是对自己对信任支持我的同伴最大的辜负。

龚园长的话也在心中回响,"教育从来都是慢工出细活,一次的失利不代表所有。我们乌南的小青年,练的是长跑不是短跑,我们有这个平台,你也要有这份底气。"沉下心来,短短几句话竟让我眼眶湿润,这何尝不是团队对我最大的肯定和支持!

对于比赛,我自认努力过、拼搏过,即使结果不尽如人意,但一步一个脚印走来的路,收获的经验,是不会消失的,它们终将内化,使我变得更淡定、更淡然,静心练"长跑",只为在幼教这条路上,跑得更远更好!

团队视角:

丹丹老师是一名职初教师,正是她的自信和认真踏实的工作态度使她成为乌南的一员。作为一名有潜力的职初教师却过早地经过了职业生涯的第一场比赛的失利,她内心的挣扎我们都感受到。一方面,我们也反思这样的比赛是否有利于职初教师的成长,另一方面园方包容青年教师的失败,保护他们从教的自信心。教育是一场马拉松式的"长跑"，输赢不重要，重要的是过程中的收获与进步。

在掌声中成长

小周老师简历：

2008年参加幼教工作，2010年加入乌南幼儿园。现担任境外部班主任，教研助理。

小周老师自述：

我是以代课老师的身份走进乌南大门，按理说，我和在编教师在评价标准上是应该有区别的。记得第一年，作为代课老师的我可以不用参加在编教师的各项评价，包括集体教育活动、教育专题、英语口语、钢琴技能等考核内容。然而周围所有的乌南教师都认真地准备着、练习着，这样的专业氛围深深感染着我，也促使没有学过钢琴的我抱着试试看的心态，悄悄练习弹琴，尝试参加在编教师的教育技能评价。

可令我矛盾的是：究竟弹还是不弹？我变得不自信。园长知道后，鼓励我："教师技能考核只是老师专业成长的一部分，不论今天弹得如何，对你来说都是一种锻炼，你站上去就是一种进步了！"

当天，我因为紧张而弹错了，但这时，台下却传来一片热烈的掌声，我第一次感受到如此鼓舞人心的掌声，稍作休整，我又重新开始弹奏。虽然短短的曲目我用了两遍才弹完，但却让我感到无比欣慰。我感受到了作为一个新人被这个集体的认可和接纳，感受到了乌南浓浓的归属感。

团队视角：

乌南幼儿园会招聘一些教师予以人才储备,有的教师就是以聘用身份进入乌南,园部每年也会对他们进行全面的评价与反馈,逐步提升他们的适应性。同时,团队积极的支持与肯定,也提升这他们的归属感,为他们的自我发展增添动力。今天的小周老师已进编,但在专业发展上依然不断在努力与提升。

建议≠否定

吴老师简历：

2010年毕业于华师大学前教育系,2016加入乌南幼儿园。现任乌南班主任。

吴老师自述：

工作至今已六年有余,进入乌南之前,我有在两所幼儿园任教的经验。在这两所幼儿园中,我无论是集体教学还是活动室、环境的设计等,都得到一致的好评。没有得到过建议或批评的我,久而久之也开始变得迷茫,甚至对我自己也开始产生质疑,真的有那么好吗?我觉得自己越来越找不到前进的方向了。

机缘巧合,看到了乌南的招聘信息,抱着试一试的心态,发送了自己的简历。没想到,居然接到了面试的电话。兴奋、紧张、焦虑的心情交织在一起,但此时的我已清楚地知道自己想要追求的是什么,纵使心中百感交集,也愿为此奋力一搏。

在会议室见到龚园长，被她身上所散发的优雅和从容所感染，原来只在杂志上、网上见到过的"super teacher"，现在那么近距离地出现在自己的眼前，又是那么平易近人，紧张感渐渐地消失殆尽。在进行了一个和孩子20分钟的游戏活动后，园长和主管马上对我的活动给出反馈，提了许多中肯的建议。首先是我的教学语言，园长说：幼儿教师的语言是应该充满魅力的，话不在多而在于精练、点到位，有魅力的语言可以吸引孩子们的注意，并与之产生有效的互动。其次是我的坐姿，她说：每一位老师的一言一行都会对孩子们产生影响。之后，园长与主管又从师幼互动、美术教育的价值等方面与我进行了探讨，并提出了许多可以改进的地方……这不禁让初次见面的我深深地感受到截然不同的学术氛围，对一位不知是否有缘加入的年轻老师不失时机予以关心与指导，建议并不代表否定，只是让我变得更好。这点让我非常地欣喜，也更加激发了我选择乌南的信心。

真正进入乌南后，我又更深一层地开始接触和了解乌南。每一次的教研活动和大活动后，教研组长都会让每个班级说说自己的收获和不足的地方，让大家能听到更多的声音，取长补短，共同进步；每月的园务会议上，主管也会就本月监测的重点向大家进行细致入微的反馈，并为大家今后需要调整、改进的地方指明方向……短短三个多月，每一天的日子都是紧张而充实，忙碌却不盲目，收获颇多。于我而言，能够得到大家的建议和指导是多么地幸运！正是一次次的建议，让我看清了目标，从中找到了为之奋斗的动力和方向。

建议不等于否定，而是更进一步地重塑自我，扬帆起航！

团队视角：

吴老师在应聘中执教了一节教学活动，在未录取的状态下园部就活动而与她进行了真诚而及时的反馈与专业的沟通，而吴老师收获了感动。其实，这是乌南幼儿园一贯的做法，无任是否录取对方，既然看了活动就应为应聘者把脉，无论是否录取，都应本着对教师专业发展的重视和敬畏给与评价，以促进她今后的专业发展。乌南幼儿园采用多样化的评价主体，如同吴老师所言"建议不等于否定"，一味地表扬同样会使教师失去前进的动力。

一次突发事件

彦老师简历：

2007年参加幼教工作，2016年加入乌南幼儿园。现任班主任。

彦老师自述：

怀着一颗诚挚的心，我来到了乌南幼儿园。初来乍到，对这里的一切充满好奇与期待。每一位同事、每一个孩子、每一间教室和活动室对于我来说都是崭新的。融入新环境的我每天都从不同的地方获取到新的信息，大家像朋友一样热情地帮助我，使我能够迅速融入这个全新的集体。

但在开学初，我就被家长投诉。因为在集体活动时，一个孩子冷不防对着身边一个女孩的胳膊上咬了一口。对于新小班的孩子来说发生类似的事情并不少见。当时在现场的我立刻对此事做了处理。之后我检查了伤口，并不是特别严重，心想：放学时，和受伤的孩子妈妈说一下情况，应该就没问题了。

但似乎这件事并没有我想的那么简单。女孩的母亲，似乎并不满意这样的解决方式。孩子妈妈在听孩子一面之词时表现出极大的质疑，语气里满是责怪与不满。尽管我给予了解释，但她似乎并不理会。那一刻我感受到了家长工作的压力，也开始烦恼应该如何进一步与她沟通。

园部知晓后，课程主管钱老师第一时间给出了有效建议，首先向我指出了处理此事的问题症结："新小班的家长尤为敏感和焦虑，在发生受伤事件后应立刻告知，让家长感到被重视，并做到让家长随时了解孩子在园动态，这能让家长更有安全感，事情的解决也能够更加顺利。"龚园长调取监控摄像，看了事情发生的全过程，也证实孩子所言是有偏差，并表示理解母亲偏向自己孩子的情感。之后，她在集体会议上剖析了这件事，肯定了我在事发现场的正确处理方式与对双方孩子爱护的行为。最后园部出面，使事情得到了顺利解决。

这次意外事件，不仅让我感受到了乌南大家庭的温暖，也感受到乌南基于理论的客观公正的评价，同时也让我对乌南家长工作有了更深的认识。感谢乌南这一良好温暖的大环境，让我更愿意浸润其中，不断成长。

团队视角：

幼儿园在得知彦老师班级的家长投诉事件之后，并没有简单批评或一味指责，而是第一时间主动约谈两位班主任、家长，并调取摄像，详细了解事件发生的过程。园部对彦老师在把握孩子年龄特点方面予以肯定，但同时也帮助她在班组合力、家长沟通等方面予以能力的提升。这种公正而客观的评价赢得教师的认同。

站在新起点

虞老师简历：

2010 年毕业于华师大学前教育本科,同年入职乌南幼儿园,曾获区新苗奖、果果杯等奖项。现任团支部书记、境外部教研组长、戏剧项目组组长、园潜质教师。

虞老师自述：

学生时期,我就一直是个"好学生",进入乌南幼儿园之后,我一如既往地努力学习、踏实认真工作,得到了家长、师傅肯定之余也获得了一些奖项,其中最让我引以为傲的就是每学期末的集体教学活动的考核我都能获得 A。但这种"好学生""好成绩"的连贯在第四年被无情地终止了。那次集体教学活动我被告知是 B 档,这让我心里咯噔了一下：是我退步了吗?! 是哪里没有做好……怀着忐忑的心情,我踏进了办公室,等待园长和课程主管的反馈谈话。

"你这次的集体教学活动是 B,集体教学活动节奏还是比较顺畅的,但是在个体回应上还需要再思考思考……"课程主管先打开了话匣子。我点了点头,这些建议确实是我需要再进步的地方。园长接着说："你现在的身份不再是一个普通的青年老师,你已竞聘成功园潜质教师,也就是青年中的骨干,那么考核也是将你放入骨干一栏中。过去,在普通青年教师里,你是 A,但是现在,在所有的骨干群体中,你就离 A 档就有差距了。"

我顿时明白了,现在我已不再是一名普通的青年教师,有了骨干教师的新起点新平台,应该有更高的要求鞭策自己,有更高的标准评价自己,为的是让我能更上一层楼。站在新起点,骨干中的 A 档标准就是我发展的新目标！

团队视角：

幼儿园基于教师不同的专业发展阶段，采取相应的分阶段的分类和动态化评价。正如虞老师所说，她是一名优秀的毕业生，职初期的她在青年教师群体中的发展也是名列前茅，因此总体评价均非常优秀。但随着资历和层级的发展，其进入骨干教师行列后，她又有了新的上升空间，这种根据教师专业发展的差异化评价方式也激励和鼓舞着不同层面的教师们不断前行。

园长来看课

奕老师简历：

2005 年毕业于华师大学前教育本科，同年入职乌南幼儿园。曾获区教育系统三届骏马奖、区新长征突击手、区骨干教师等称号。现担任境外班班组长、建构项目组组长。

奕老师自述：

如果你的园长要来看你上随堂课，你的心情会是怎样的呢？

那天，龚园长和课程主管要来看课，我得知这个消息也是做了很多的活动准备。虽然整个过程中有孩子比较兴奋，但总的来说场面是可控的。直到活动快结束时一个一直在翘椅子的女孩子突然"嘭"一下摔倒在地，那时候的心情就像打翻了五味瓶，百感交集，拿现在很流行的词来说就是特别的"纠结"！当时在短时间内做了很多心理斗争，想批评又不好，园长在听课，不批评又不好，因为明明是她做错了……

　　我记得很清楚，我当时在全班范围不痛不痒地说了一句："你们觉得×××这样翘椅子的动作对吗？"小朋友们齐声说"不对"，然后我就赶紧进入活动收尾阶段了……

　　活动结束后，龚园长就这个活动和插曲与我进行了沟通。她说："要记住自己是一名教育者，有些应该要讲的事情并不是因为园长在就可以不讲了，孩子的常规习惯是需要一个标准坚持的。"通过和园长的沟通，我感悟到：所谓常规就是常态活动中的基本规则。对于一些关系到是非的问题，需要及时指出，育人不是做秀，不能因为听课对象的改变而放弃对孩子的教育。而开课时良好的常规是需要扎实于日常才能够体现的。也正是龚园长的点拨，让我知道了其实开课并不是"展示"，任何的活动都是需要老师一贯的教育观的体现。只有抓住每天日常的教育契机，孩子们才能在始终如一的教育强化中，向着良好的方向发展。

　　教育是个日积月累的过程，公开课也好、随堂课也好，幼儿教师展现的只是冰山水面上的部分，而更多的是幼儿教师在日常教学中与孩子心照不宣的默契折射，这是临时抱佛脚所准备不出来的——因为对于老师来说公开课可能意义重大，而对于孩子来说，和平时并没有多大的区别。

　　现在想来，龚园长这次来看课我最大的收获就是让我知道了"扎实于日常"的重要性。

团队视角：

　　乌南幼儿园的日常推门看课会随机观察不同层面教师的日常教学情况。这样做的目的，是通过日常的真实观察，从全面的视角帮助教师寻找问题，共同诊断，以获得专业发展。案例中的小事故发生后，奕老师的不安和焦虑，园长等都看在眼里，记在心里，如何帮助其有效地处理这类突发事件的发生则是需要反馈的重点，也显示出我们对幼儿教师评价更多落实在"注重日常、分层、过程"。

我被孩子投诉了

洋洋老师简历：

2014年毕业于华师大学前教育本科，同年入职乌南幼儿园。曾多次参加区幼儿教师讲故事、集体舞蹈比赛并取得优异成绩。现任班主任，兼任语委会负责人。

洋洋老师自述：

班级中的"料理店"一直是孩子们十分喜欢的区域，每天都"人满为患"，需要通过猜拳等方式才能有幸成为"经理"或"主厨"。

一次游戏中，佑佑来到了"店"里，但许久也没有开门"做生意"。一会儿，越越也来了，表示想和佑佑一起玩，并催促佑佑快点摆放餐具，准备开门。但佑佑把越越推开："你不许过来，这里是我先来的。"见佑佑不愿意，越越还是很坚持自己的想法。

看到这一幕，我决定先等待，观察孩子们解决问题的办法。两个小朋友僵持了一会，最终佑佑用手推了越越，越越摔在地上，哭诉寻求我的帮助。我先耐心地对佑佑说："佑佑，你看，这里地方那么大，你肯定需要帮手吧，不然你要忙不过来的，让越越来帮帮你好吗？"我原以为佑佑一定会欣然答应，毕竟老师"出面"了，谁知，佑佑大叫起来："我就不要他来，是我先过来的。"

我尝试着平静下来又进行了几次疏导，但引来的都是佑佑的超级不满,这时,我看到佑佑眼里有了泪花,小嘴巴向上噘起,小手在胸前一插,这是她发脾气的前兆。年轻气盛的我也有点克制不住情绪了,自作主张地让越越在这个区域开始游戏,不去理睬正在发脾气的佑佑。佑佑看到此情此景,更加生气,自己跑到教室门口去了。我也有些生气,该讲的道理也都讲过了,就让她自己冷静一会儿吧。

就在这时,龚园长正巧从我们教室门口经过,看见无助又伤心的佑佑独自站在教室门口。她简单向我了解了情况之后便将孩子带到园长室去了。当时我的心情非常忐忑:怎么会那么巧,正好被园长看到,这下有理也说不清了!

半小时后,龚园长才把佑佑送到教室,而佑佑也像什么事没发生一样,高高兴兴地去洗手吃饭了。龚老师只是告诉我,佑佑对她说的第一句话就是:“我最不喜欢洋洋老师了!”天呀,我被自己的学生投诉了!

不出所料,龚园长下午把我叫到了办公室,我也怀着惴惴不安的心情准备接受“批评”。然而,她并没有指责我的行为,而是请我坐下,说和我聊聊。

在这次聊天的过程中,我感受到的是一位领导对年轻教师的宽容和理解,而我更是从经验丰富的前辈身上学习到了面对不同孩子的育人方法。如:龚园长展示了佑佑在园长办公室签的名字、听的关于《生气是没有用的》故事内容。佑佑是一个情绪比较复杂多变的孩子,她还不能很自如控制和调节自己的情绪,表达情绪的方法也存在一定问题。面对这样的孩子,应更加予以重视,寻找解决的策略,在保护幼儿自尊、尊重幼儿人格的基础上实施教育。

这件事对我的影响很大，也时刻告诫我：每个孩子的性格脾性都是不同的，我不能按照同一个标准去要求他们做到理想状态，就像学习中的最近发展区一样，只要孩子比之前甚至比前一天有所进步和改观，我就应该为他的努力而喝彩。

"我最不喜欢洋洋老师了"这句话也时刻在我脑海中回想，提醒我成为一个好老师的不易，不仅需要丰富的专业知识，更是需要日积月累的经验和一颗温柔且坚定的心。

团队视角：

乌南采取分层式评价，在评价教师的过程中针对不同层次的教师有不同的评价要求。作为一名职初教师，在把握幼儿个性和教育策略上有所欠缺在所难免。被孩子投诉的洋洋老师没有因此而受到批评，而是更多地接受园部的指导。园部对职初教师的宽容，是保护年轻人的职业热忱，促进洋洋老师在解读、引导幼儿的专业性上有所提高。

第四节 "立体式"的保障夯实

保障体系是各个有机构成部分系统的相互联系、相辅相成的总体。我园从四个方面入手：激励先导的人力资源保障、专业前沿的学术资源保障、多元视角的知识共享保障和团队文化建设保障。

一、激励先导的人力资源

激励是从满足人的多层次、多元化出发，针对不同的幼儿教师设定绩效标准和奖酬值，以最大的限度满足员工的工作积极性和创造性,去实现组织目标的过程。建立科学的激励机制,可以让幼儿教师自身的成就获得精神认可,这种精神认可往往也能充分激发其创新思维,在创新过程中不断获取动力。根据这一特点,让我园教师通过满足自我的需要感到最大的快乐,使优秀团队朝着卓越的方向发展。我们建立报酬激励、成就激励、机会激励三位一体的人才激励机制,使教师获取认同感、成就感,从而获得成就激励,通过让教师能够从事与自己的定位和兴趣相符合的教研团队的角色,实现教师与岗位的匹配,使教师获得机会激励。

1. 报酬激励

物质奖励与精神激励相结合,能在较高层次上调动优秀教师的工作积极性,通过设计相辅相成的考评指标、结合定量定性的考核内容,将考核结果与教师收入紧密结合,落实到教师自身利益上,从而实现对于教工的激励和制约作用。

案例: 100% 通过绩效工资方案

2016 年我园通过教代会制定完善了《绩效工资实施细则》,将教职工的工资、奖金、福利待遇等与其日常工作绩效挂钩,体现效率优先、兼顾公平、优绩优酬的分配原则。为了坚持公开、公平、公正和效益兼顾、科学合理的原则,我们根据教职工不同岗位制定了 6 张差异化的考评要求,重点向一线教师、骨干教师和做出突出成绩的其他工作人员倾斜,并听取全体教工各方面的意见,讨论修订成稿。该绩效工资方案在教代会上获得全体教工 100% 的通过和满意率。

通过这样的能力和工作相结合的、并且科学合理的考评机制，使薪酬分配更加灵活合理，更加具有鼓励督促作用，实现差别分配、能者多劳、优劳优酬的激励制度。

2. 成就激励

精神激励即内在激励，是指精神方面的无形激励，包括向员工授权、对他们的工作绩效的认可，公平、公正、公开的晋升制度，提供学习和发展，进一步提升自己的机会，制定适合个人特点的职业生涯发展道路等。乌南一直保持每年向区里输送一名园长或教研员的态势。

3. 机会激励

以多种激励形式的用人机制来调动优秀教职工团队的积极性和创造性，分别体现在择优录取的准入机制、树立优秀教工典型的征集机制、破格突破的岗位设置和职务晋升机制、"333"外出研修机制（即青年、成熟、骨干各占 1/3 比例的研修名额）等。

通过三种激励先导的人力资源储备保障机制，因势利导，因材施教，恰当、科学地发挥正向激励作用，可以有助于发掘优秀教师的潜能，有助于教师的主动性和能动性，能够有效地促进优秀幼儿教师团队全面发展向卓越团队前行。

二、专业学术的资源支撑

学术资源，顾名思义就是与学术研究有关的资源。专业前沿的学前教育资源对促进学龄前儿童身心发展有着重要的影响作用。

1. 同质学术资源的共享

由于教育目标、教育内容、教育情境及受教育群体等有许多相似性甚至趋向一致，所以同质学术资源大都在幼儿园内部或幼儿园之间引起共鸣、带来反思、促进共享，从而保障了教师群体在原有的知识能力基础上学有所获，获得提升。

在众多的同质学术资源中，大致可以通过三种渠道的学术资源让共享制度得以丰富和完善：

首先与华师大等高等院校的紧密联系，教育类的高等大专院校作为教育界拥有丰富教育智慧的代表，常常会对基层幼儿园教育教学和日常管理提出"科学、合理、务实、有效"的工作方法，而且还能将基层幼儿园生活与整个社会进行有机的链接，提升幼儿教师素养和能力，提高教科研的能力。也正是通过与华师大等高校的紧密联系，我园始终在幼儿园课程改革的大背景下，尝试从学科教学知识的视角来探究幼儿教师的差异化发展，从而更有效地促进教师对整合课程的实施能力，提升教师关注和支持儿童的个体化学习能力。

表3 我园参加区级、市级学术团队人数一览表

学术资源类型	学术资源引领者	参与人数
区级学术资源 （区级中心组学习）	区教研员	7 人
市级学术资源 （名师工作室、各领域 PCK）	华师大教授、特色 幼儿教师	15 人

其次，建立与专项资源的及时共享。信息高速发展的今天，

我们所面临的知识也不再是一成不变的知识内容。快速更新的知识全球化大背景,需要教育者用开放、接纳的心态去感受、体验新知识带来的冲击,不断调整我们的教育策略,保证不同特长、资历的老师都能从中得到新的成长。针对不同资源内容,也会及时组织教师开展集体线下学习和网络大教研学习等不同的形式。个体参与的研修老师都坚持着带回"一套照片、一套视频、每日一报"的研修反馈汇报制度,充分挖掘教师共享平台,让资源共享有效无障碍。

最后,建立与姐妹园所的共建沟通。幼儿园与幼儿园之间知识共同体的建立,让姐妹园所通过集体研修、优秀教师公开课等形式、交流学习等方式,突破幼儿园的界限,让学术资源的面不断扩大和丰富,提高整体的教育教学能力和学术水平。可见,同质的学术资源共享机制保证的是我园幼儿教师差异化发展的学术高度。

2. 异质学术资源的互通

为了确保教师的学术理论资源的科学性、多元性,我园会定期组织教师"走出幼儿园看教育""听特色讲座品教育"等活动,让老师的教育理念、教学能力在原有的基础上得到提升和增长。

首先,交流学习互通发展。教师利用走出国门的考察学习机会,拓宽眼界寻找教育闪光点。如,本园自 2012 年 12 月启动中英院校合作项目"SAW 项目"后,一直与英国科学家保持着良性合作的联动。2015 年 12 月我校组织 SAW 项目组成员幼儿教师走进英国诺福克郡的两所姐妹园西厄汉姆幼儿园和 Mile

Crose 小学,参观交流学习了英国科学探索活动的开展现状,与在场英国科学家奥斯本和珍妮展开了深入的研究,也让乌南教师对于如何开展科学探索活动项目有了新的认识,让不同教师有了发展的空间和资源的支持。

此外,特色讲座互通能力。特色讲座虽然不源起教育而谈,但往往会让与会的教师感受到"走出教育看教育"的新鲜感,从而更具有激情地投入到教育中。如,结合学术节,邀请著名儿童文学作家梅子涵教授就阅读儿童文学与教师进行指导交流,让在场老师认识到:富有感情的儿童文学在孩子们的成长过程中是一个不可或缺的精神粮食,更是爱的教育。带领孩子走进阅读的世界,让优秀文学照亮孩子生长之路的重要性。

总之,站在时代的前沿,教师需要带着审视的态度去看待教育资源,敏锐辨析并有效利用。

三、多元视角的知识共享

幼儿教师团队的学习是教师在团队合作的基础上,为了实现共同的目标,有明确责任的互助性学习,是不断获取知识、提升能力、改善行为、优化团队体系的动态过程。"团队成员通过知识的共享、共思、共进的过程实现知识共享机制。

1. 线上线下的双轨制

利用快速发展的互联网+时代,通过建立网上线下的知识共享平台让幼儿教师团体间的信息传递、知识共享更为顺畅而高效。无论是教研组还是项目组,在成立线下活动的同时,我们都会建立和运行着相对应的微信群组,协助教师能够"随时""随地"简单方便地分享,也弥补了线下活动需要场地、人员、时间等多方面的因素。例如,虽然我园教师没有机会亲临参加美国幼教年会,但却通过网络时时同步地参与网络年会,共享全球教育资源。

2. 学习共同体的塑造

教师是我们研究的主题,教师的差异化除了在集体中进行自我学习、自我成长,有时,团队的协助共进也不失为一个更为有效的团体。在保证网上线下学习的同时,团队的交流分享、出谋划策也起到了至关重要的作用。因此,通过学习共同体的共研机制建立,也让我们的知识共享机制更为完善。例如:大小教研的相辅相成;SAW 项目与英国科学家团队进行结盟;美劳项目组与专业艺术机构进行结盟等等。

四、团队文化的机制保障

团队文化的机制保障在于让教师的发展走在前面,教师成就幼儿园,幼儿园的生命力在于教师的成长。团队文化建设长效机制的最终愿景,以"合群、合谋、合力"为园风,以"自主、自觉、自律"为师风,以合作教研为载体,以课程开发为途径,以评价激励为手段,激励教师成长在岗位,着力打造一支身心健康、师德高尚、理性包容、专业精湛、追求卓越的优秀幼儿教师团队。我园在多年的团队文化建设中,形成了团队文化保障机制。

1. 尊重为先

幼儿园管理保障机制的真正引力源自于"人"重于"物"的价

值观,源自于"情感与制度"并重的管理观。幼儿园坚持民主管理和科学管理的保障机制,倡导多元声音的表达,营造共担责任的氛围。如:幼儿园推行三个"取消":取消办公室,改为6小时配班制,保障班级教师三位一体共同关注幼儿一日生活;取消推门看课,改为预约听课;取消自上而下的单一评价模式,改为同事、主管、家长多维度的共同评价模式。多一把衡量的尺子,就会多出一批优秀的幼儿教师。在温暖教师的同时,建设着幸福家园。

2. 合力创新

合作是教师重要的专业品性,是教师文化的发展方向,合作、交流、对话是教师的主要职业生活方式。幼儿园关注教师关注的问题,开发教师本身的资源,以平等的姿态介入专业引领,重视教师经验改进的过程。如:我园的多元文化体验馆让课程环境与园本化课程相切合;屋顶农场让孩子的生活环境更具教育价值;中英文微信公众号"视界乌南"使课程得以推广和宣传。

3. 文化塑人

幼儿教师团队文化建设要回归核心要素——就是文化的提升。提升幼儿教师的文化自觉和文化自信,才是幼儿园发展的最高境界。文化建设一直是幼儿园管理与发展的积极诉求,"文化力量"正成为推动幼儿园发展的巨大动力。一个组织如果有了共同的愿景(愿望、理想、目标、远景),组织里的各成员便会努力学习,追求卓越。共同的愿景建立在个人愿景的基础上,并在不断地鼓励成员发展个人愿景的过程中形成,无数愿景强烈的个人组织在一起,才能产生强大的效率。乌南所开展的"我心目中的好园丁""漫步武康路"等活动,正是将一个个愿景汇聚成集体与个人的发展动力。

五、我们的故事

乌南"老教师"的活力

莉莉老师简历:

1995年从事幼教工作,2015年进入乌南幼儿园,曾获得"区优秀青年"等称号。现任乌南班组长、教研助理。

莉莉老师自述:

作为教龄近20年的一名小高级教师,我想调到乌南工作时,周围人甚觉困惑:你对教学工作已有丰富的教学经验,可以灵活处理班务和教学中的各种问题,为什么要换单位呢? 还要换到一个工作压力和标准要求都更高的示范园? 这些意味着一切重新开始,十分辛苦,随着年龄增长,成熟教师往往力不从心,很多时候往往会缺少斗志,你能适应乌南吗? 而我,也担心"老教师"的方向感缺乏,会让我随波逐流、不能自处。但一切的担忧随着我进入乌南后,才真正体会到:我所担忧的这一切并不存在。

记得一次幼儿园大教研活动中,课程主管钱老师提出了一个关于归属感的话题,从同事间的协作引发教师的主动性。当时有一道游戏题,让大家寻找相同属相的同事,现场排练一个节目,并让其他老师猜出答案。当时,在我的直觉里总是"让年轻人上吧"但实际的场景却让我意外——那些经验丰富、阅历资深的"老教师"冲在了最前面。

　　只听,"老教师"章老师对着和她同个属相的小伙伴们说:"你扮演弹琴的人,我们在旁边哞哞叫。""哈哈!这不是对牛弹琴嘛!"而另一边,同是"老教师"的大陈老师正在畅所欲言:"你们在前面跳,我们在后面念儿歌,说到什么动物,什么生肖的人出来表演,我们把《在农场里》这首歌进行改编……",随后,在大陈老师指挥下,一群属兔的老师们共同完成了表演。

　　乌南的"老教师"没有因为自己"老"而养"老",反而个个是园内的中流砥柱,成为一道美丽的风景线;她们没有因为自己形象不如年轻教师靓丽、体力不如年轻教师而后退,她们抓住每个学习的机会,向大家证明我们依旧年轻,我们还在前进。经过一轮又一轮的教研活动,在相互学习的过程中,"老教师"将好的经验共享,观念在碰撞的过程中得以提升,使所要研讨的问题逐步深入,为每位教师专业化发展搭建了良好的平台,同时也为幼儿的发展创造了有利的条件!

　　团队视角:

　　乌南倡导的是包容、理解、合作的文化,在不同场合,大家都是彼此支撑和互相配合,充分体现了团队强大的凝聚力。乌南成熟教师与青年教师都有不同的平台与机会,他们享受着专业的发展过程,园部不仅提供带教团队、项目引领、课题研究等机会,还发挥他们自身特长,适时适度推动高一层次的发展,如:先后有 3 位成熟教师获得中高级职称。让"老教师"观念不"老",让"老教师"成为乌南的宝贵财富,这是乌南差异化发展课题研究的收获和资源,不同层面的老师都会在不同的平台上充分展现自我,获得发展。

班组长 我成长的平台

小颖老师简历：

2009年参加幼教，2014年加入乌南幼儿园，现担任境外部班组长。

小颖老师自述：

在进入乌南的第二年，园领导就安排我担任境内班的班组长，和成熟的季老师、保育员徐阿姨组成全新团队。第一次担任班组长，对于全新的工作职责，我的内心是忐忑不安的，不知自己是否能够胜任。温柔知性的季老师时刻像大姐姐般地在工作生活中呵护着我，并把自己的经验无私传授于我；徐阿姨吃苦耐劳，总是面带微笑。通过暑假家访和开学前的亲子活动，我们班组立即进入状态，大家齐心协力，很快就形成了良好的班级氛围，也得到了家长的认可与支持。

就在一切顺利的情况下，三月底的某天早上，龚园长像往常一样巡视着，似乎有意无意地提到我可能会被调入境外班的信息。之后，正式通知我时，我说出自己的不舍、犹豫、茫然时，园长却给予我坚定的鼓励，而周围的同事也鼓励着我，最终我接受了这次全新的挑战。

一周后，我马上投入到境外部工作。从境内班到境外班，对于进入乌南仅第二年的我来说，真的是一次极具挑战性的转变，我也深知这是园方领导给予我一次成长历练的好机会。不再有知心大姐姐的商量讨论，班级一切工作都要靠自己来解决，尤其是棘手的家长工作摆在眼前。当我向有经验的境外部课程主管潘老师，以及其他老师请教探讨如何做好家长工作时，大家都十分乐意分享自己的经验；在我遇到困难时，境外部团队互帮互助、出谋划策，使我能够很快地融入，平稳地接手了班级工作。

在乌南这所"中外儿童的乐园"中，我们每个人都幸福地继续前行着，或许在前行的道路上，还会遇到大大小小的困难，但我依旧会勇往直前。

团队视角：

在录取小颖老师时，其自身的专业背景就定位在境外部，起初是让她逐步适应乌南的节奏与文化，在一年多的工作中，她的潜能再一次令人刮目相看。园部综合考量了教师背景和跨文化的理解，最终决定由小颖老师进入境外班。无论是独挡一面的班组长经验，还是尝试与不同文化背景的外籍搭班、外籍家长的沟通合作，都是促进青年教师的自我专业成长的再飞跃，而团队中达成的互助氛围也是奠定她发展的基础。

为什么让小高级教师做配班

陆老师简历：

2009 年参加幼教，2016 年加入乌南幼儿园，曾担任境外部配班教师，现为境内部班主任。

陆老师自述：

经过面试，我踏入乌南幼儿园，激动、喜悦、兴奋，还有一丝隐藏在心中的自豪感。

在开学前的全体会议上，园部宣布了工作安排。本学期，我的工作有些"特殊"——一名跨班的境外班配班教师，而我的搭班均是两位 90 后的年轻教师。我对这个安排充满疑问：为两位年轻的幼一级教师做配班？每天仅做琐碎的配班工作，是不是对我这个小高级教师有点"大材小用"了？种种不安的情绪逐渐掩盖了初来时的那份激动和喜悦。我不禁问自己：乌南真的需要我吗？我能为乌南做什么，我又能从乌南获得什么呢？

学期刚开始的一个月里，我的工作与想象中的并无太大差别：孩子们运动时，我陪伴在旁，并收拾整理运动器械；教学活动中，我坐在一旁观摩；布置教室环境时，我根据搭班老师的要求剪剪贴贴……这一切与我进入乌南的职业期望"天壤之别"，使我一时间不知道如何面对自己，如何面对把我招进来的园长，如何面对我刚刚获得的小高级职称！

而此时，是龚园长的一句话点醒了我。在一次园务会议上，龚老师向同事们介绍我："婷婷是一个小高级老师。"短短的这一句话恰似当头棒喝把我点醒，其他的什么都听不进去了。我不由得开始反思，在这样一个有些"特殊"的工作岗位上，如何发挥我的优势，并能够为自己的专业发展找到出路呢？

我所在的两个班级同为境外小班，我的存在能够帮助孩子们和家长更顺利地度过第一年的分离焦虑期，在我熟悉境外班各项工作流程的同时，也为两位年轻的班组长分担一些班务工作。在工作至今的这 3 个月里，我发现这两个班级虽年龄段相同，但孩子的性格特点、家庭环境、教养方式等完全不同。在开展集体教学活动时，如何根据本班孩子的特点调整活动过程，成了我每周最乐于思考的问题。在比较与发现中促进自己的专业发展，这是在我以前的工作中无法遇到的，也可能是以后无法再遇到的。这一年，必定是我从教生涯中最"与众不同"的工作经历。也正如园长龚老师所对我说的，"婷婷，要知道，你现在的等待是为了明日能更高更远地翱翔！"

那一年，乌南中班一位老师因家庭原因提出辞职，园部经过讨论，决定由我进入该班，又回到熟悉的班级里，带着在境外班协做配班的经验，我变得更有底气和信心，也多了对班务管理、家长工作等更多新鲜的设想，努力吧！

团队视角：

对于新加入乌南的成员，我们往往采用"渐进式"阶梯，让她们逐步浸润了解乌南的文化，为后继发展提供源源不断的人力资源储备，这也是乌南"蓄水池"工程的初衷，保证各班在充足人员的情况下良性运作，更好地发挥每位教师的潜能。

轮岗后勤主管

嵘老师简历：

1988年参加幼教工作，1998年加入乌南幼儿园。曾获得区园丁奖。现任工会主席、后勤主管。

嵘老师自述：

2014年，通过竞聘，我担任了园部后勤主管一职，从接任后勤主管开始，我就在领导的帮助下，学习着如何管理一个庞大的后勤队伍，并在做事中逐渐成熟。

后勤工作日常事物繁多，刚开始担任后勤主管的工作时，我忙于各个部门之间的事务沟通和处理，常常忙得自顾不暇，但是效果还不尽如人意，事倍功半。有一次接到园部下达的任务，需要后勤来操作图书电子借阅的工作，这是从未尝试过的事情。

当接到任务时，我就变得非常焦虑，以我目前的状态来看，哪里还有时间做好这件事情呢？当我向园方表达了自己的想法后，园长首先安慰了我，肯定后勤工作的条线较多，然后对我说："作为后勤主管，要学会调动部门教工的积极性，从某种角度上说，他们比你更专业。"我顿时茅塞顿开，同时也想起来沈书记在日常对我的贴身带教中，也常常提到80％的工作量与20％的成效之间的关系。于是，我尝试着让团队群策群力，思考实施的路径，落实主要负责人，讨论方案的可行度，等，并关注事件的进展和推进，在关键点予以点拨。事实证明，这是一个管理者思考、梳理与引领。

在做后勤主管的岁月里，我锤炼的是自己作为一个部门管理者的专业视角与思考力。

团队视角：

基于教师的差异化发展理念，充分挖掘人才优势，我园采取"园部轮岗"的方式来实施管理和教育教学的"人才蓄水池"工程。通过园部轮岗，可以让教师站在园部视角，更加清楚地分析和定位自己的专业特长和不足，同时也做好园部人力资源的有效规划和长足发展。嵘老师是通过她的自荐、群众推荐和园部的整体考虑，让其在管理岗位上多加磨砺，汲取经验，以夯实自己全面管理的能力。

接手第一项的任务

季老师简历：

1986年参加幼教工作，2015年加入乌南幼儿园，曾获区幼儿艺术大赛多项指导奖。现任班组长。

季教师自述：

刚调入乌南后的一天，我在办公室备课并准备教具，课程主管钱老师对我说：幼儿园的科技总指导怀孕休养，而两星期后我园又要参加区绿色学校评审，你曾在原单位也负责过相同的内容，是否可以临时接替一下？

我一听，嗖地站了起来，心里一急，马上一口回绝："哦，我不行的，我刚调来什么都不熟悉，这重任担当不起的！"

"你是成熟的老教师，之前工作经验非常丰富，如果有困难不要怕，我们大家都会帮你的。"

我还是拒绝："我不行，万一评不上怎么办？"

钱老师续说："在乌南，我们通过承担一些任务来让大家了解自己，也是你发展自身专业能力的一次机会和平台……"

我想起了当初面试乌南时，龚园长说过："乌南会有很多机会，让不同年龄的教师得到差异化发展，会为每一位教师搭建成长的平台……"幼儿园的信任让我重拾勇气，接受挑战。我连续两周奋战，白天忙碌于带班工作和家长沟通，晚上回家开展收集、查阅、整理绿色幼儿园的资料，反反复复地修改总结，制作多媒体汇报演示等，在迎接评审的过程中，我也得到乌南幼儿园各部门主管的大力支持，更拥有默默无闻予以援手的同事的温暖。

最终，在全力拼搏下我自信满满地站在专家面前，通过答辩评审，乌南幼儿园再次荣获"绿色幼儿园"的称号！

回想此事，我更加坚信，当初选择乌南的决定没有错，乌南像温暖的大家庭一样、相辅相成配合帮助的团队精神感动了我，更让我感受到乌南不以资历论英雄，不因教师在乌南的年限长短，而是公正平等地提供发展平台和机会，为每一位教师打造专业发展之路。正是乌南这一差异化发展平台促使我这名幼教老兵焕发专业的青春，让自己的专业能力更上一层楼。

团队视角：

季老师有着丰富的从教经验，之前的幼儿园也有环境教育特色，对于这方面工作具有一定经验。乌南把任务交给一名新加入的老师，也说明了乌南在教师专业发展方面人人平等，每个教师都有专业发展的机会和平台。而通过这次评选，季老师也充分了解了乌南课程的实施情况，也通过团队的互助融入到乌南文化中。

SAW　让我试一试

燕子老师简历：

1992年参加幼教工作，1997年加入乌南幼儿园。曾获区骏马奖、育人奖、园丁奖。现为班组长、SAW项目组组长。

燕子老师自述：

2012年，在区教育局牵线下，乌南成为亚洲第一家实施英国SAW项目的学校。在项目组成员招募会上，龚园长向大家发起号召，鼓励大家自愿报名参加SAW项目组，可却遭到一些老师的质疑，觉得这个项目实施过程中困难较多，无法达到预期的效果。而我抱着试试看的态度大胆举手，没想到竟成为了项目组长，引领SAW项目组成员共同推进研究。

真正开始实施时,我也感到困难重重:首先,教师们对 SAW 项目课程内涵不熟悉,不知该从何入手;其次,幼儿园没有专业的科探设施,如试管、过滤纸、显微镜等等;第三,SAW 项目在英国中小学实施比较多,但适合学前阶段幼儿学习的课程却很少。面对这些困难所带来的困惑和压力,我一一向园部倾诉,得到了园领导大力支持。

记得第一次课程实践是《植物的色素》,植物色素教材是全英文的,我们大家只能回家一点一点自学,进行翻译,慢慢理解实验操作的步骤,可教师们还是不能完全领会其中的科学原理。为了保证第一个实践活动的成功,我们在园部的支持下,邀请了中科院的年轻科学家共同教研,帮助老师们把握知识点的准确性,为老师们答疑,并指导老师们做实验。当老师们实验在过程中看到菠菜叶中提取的色素时都很兴奋,这样的科学探索活动在幼儿园确实很少,大家开始感受到 SAW 项目是的教育价值。

教研活动后,我又一次自告奋勇承担了展示任务,通过科学、艺术、写作三节活动,让大家了解 SAW 项目课程内涵,对项目深入推进有了信心。从模仿起步,我们大家慢慢开展 SAW 课程的实施。截至 2015 年,乌南 SAW 项目组已经积累了 8 个主题活动,让乌南的孩子们受益。

2015 年 12 月,我被幼儿园选为赴英国学习成员,实地了解 SAW 项目,在参观了英国幼儿园、小学、科学家的实验室后,我的心情真是无比激动。我想我一定要把这么有意义的所见所闻带回去分享给乌南的老师们!

团队视角:

面对陌生的 SAW 项目,园部搭建小步递进的阶梯,降低难度、从模仿起步，让老师更好理解地 SAW 课程内涵，而专家指导、网上学习、材料支持、出访互动等给予团队研究提供了有力的保障支持，帮扶老师们克服困难获得实践的成功。在整个项目引领的过程中，燕子老师也逐步成熟，并获得专业的再成长。

园部轮岗后的收获

李老师简历：

1995 年参加幼教工作，2001 年加入乌南幼儿园。曾获得区骏马奖、区教育教学科研成果等奖项，曾轮岗行政主管。现任班组长、教研组长、区骨干教师。

李老师自述：

午餐时听老师们聊天，有一个班级的老师说起要带孩子们外出开展亲子活动。"你们填写《外出申请单》了吗？"我问。"没有呀，我们是下午 3：00 才出去，不用填吧？"那位老师说。"不行的，只要是老师组织、参与的幼儿外出活动都一定要填写申请单上报园部，等园部批准了才可以开展活动的！"我再一次强调。

其实两年前的我对这些申报流程并不是很敏感，也经常会有各种疏漏。每每带着孩子们外出实践活动，总是从课程调适、幼儿发展需求的角度思考问题，会把活动的安排、流程设计思考的非常缜密，而对于申报流程我虽然知道，但并不是那么的重视。

然而随着两年的行政主管轮岗实践，我的想法也开始发生了转变。在担任行政主管兼教研组长期间，我负责各项流程的制定或完善,同时也对于流程的重要性和必要性有了更为深入的认识。是的,只要是老师组织幼儿外出实践活动必须提前向园部汇报,并且填写申请表,得到园部批准以后再开展活动。这些以往不被我重视的环节,在我成为了行政主管之后按流程操作的意识,深深印入我的思维,成为我的行事准则。因为在行政岗位上我才能从园部的角度发现问题,老师是否按规则操作,园部是否能全面掌握并监控每个班级的动向是至关重要的。因此作为幼儿园的最小组织细胞,班级老师必须要严格遵守各项制度、流程。

在担任行政主管的两年期间,我更是接触到了以前从未触及过的领域,同时我的眼界拓宽了、我的能力更强了。重新回到教师岗位后,有着更为开阔视角的我,感觉工作变得更为游刃有余。

我热爱乌南幼儿园,更感谢乌南幼儿园给青涩的我提供了无数的机会,给成熟的我搭建了无数的平台。乌南幼儿园是教师成长的摇篮,无论是青涩的青年教师还是已经迈向成熟的教师,在这里都能得到学习的机会、发展的机会,使自己的业务更上一层楼,使自己的专业成长前景更为光明。

团队视角：

园部在轮岗制度中充分体现了对优秀教师多重定位的挖掘,李老师经过两年的园部轮岗反映出了思维方式的转变,不仅能从教师的角度来思考也能从行政管理的全局观角度来落实日常工作。轮岗制度鼓励乌南大批年轻人走上园部管理岗位,当积累一定的管理经验后再重返一线岗位,会让教师拥有更开阔的视野、更宏观的大局意识,也让班务工作和教研组管理更有条不紊。

哥哥： 你必须评中高

潘老师简历：

1988年工作，上海市第一位幼儿园男教师，曾进修大不列颠哥伦比亚大学幼儿早期教育专业（ECE），参与上海市二期课改运动教材的编写、审定工作，著有个人专著《把最好的献给孩子们幼儿体育教育创新实践》《运动是幼儿健康成长的维生素》，曾获全国优秀幼儿教师、上海市园丁奖、上海十佳杰出青年，区教育系统耕耘奖、风格教师等荣誉。

潘老师自述：

步入乌南幼儿园第六个年头，我遇到了现在的园长——特级教师龚敏。

她对我说："哥哥：你必须评中高"。也就是在那一年，我开始意识到自己真的需要做点什么了。当时的我非常彷徨，从工作到至今，我一直是小高职称，而且以当时的职称在单位已是最高的级别了。从另外一个高角度看，评中高对于自己也是个不小的挑战，因为那意味着前面的路要靠自己去重新开拓和积累。不能永远躺在功劳本内，而且必须从头来过。

在前行的路程中自己有困难、有失败，更有成功和赞扬，但是支持我继续前行的最大的原动力，是我的幼儿园、我的同事和我的领导。那是一群立志要做一个能为幼儿教师搭建成功平台的团队、那是一群立志要为孩子提供最好教育的幼儿园实践者们、那是一群不断努力成长要为孩子提供最好教育的优秀教师们。

所以在以后的日子里，在幼儿园提供的平台上，我和团队也开始了漫长的耕耘：区耕耘奖的评选、区优秀党员称号、上海市男幼儿教师沙龙的历练、个人专著的出版……自己一步步在前行。而他们的诚挚鼓励和批评，更使我增添了勇气，在幼儿园这个被大多数人视为"小儿科"的岗位上持续努力工作，去实践我的所学、所知和所会，去探究我所不知和不会的领域与知识，去尝试以一种新的方式为幼儿提供适合其发展需要的体育活动。

2015年，我顺利评上了中高级职称，从而成为一名更加优秀的幼儿园教师，能更大限度地去探索实践我理想中的"优质体育教学"。

我很幸运在乌南幼儿园：在我身边有许许多多支持、关心和帮助我的人，在他们的鼎力相助下，使我闯过了一道道坎。随着整个幼儿园课程的不断深入与完善，相信体育活动的内涵也会达到其前所未有的高度。

团队视角：

俗话说"五十而知天命"，进入中年期的教师往往会置身"高原期"而缺乏后继发展的原动力。作为幼教名人潘老师，一样也经历这样的困惑。乌南借助差异化发展，调动着这批成熟教师不断勇于挑战自我，并创设各种条件和平台，帮助他们获得职业幸福感。

来自境外部的两次邀请

虞老师简历：

2010年毕业于华师大学前教育本科，同年入职乌南幼儿园，曾获区新苗奖、果果杯等奖项。现任团支部书记、境外部教研组长、戏剧项目组组长、园潜质教师。

虞老师自述：

在我入职第二年，我被请进了园长室。园长告诉我需要一位教师去境外班，进入之后就需要长期担任这个班级班主任了。考虑到专业能力、提供平台和班组情况各因素，希望由我来担任这个角色……

坐在园长室里的我当时脑子就蒙了。

"没关系，你先回去想一下，有什么问题再跟我沟通。"

"好的。"

走出园长室的我五味杂陈，有老师来祝贺的："哇！进入境外部了，又上一个平台了！"也有敲警钟的调侃："境外班的班组工作挑战很大哦，你要做好思想准备！"……接班还是不接？回到家的我辗转反侧，思考了一晚上的我仍然拿不定主意。

第二天一早，龚园长见我一脸心事，又把我请进了园长室聊了起来。"我看你好像很担心，你的想法是怎么样的？没关系，有什么困难直接和我说吧！"听到园长这么关心我，我心中一阵感动，便打开了话匣子："我最担心的是一个人挑起班组工作。现在才是我当老师的第二年，我没有信心，还有和外教、外籍家长的沟通，我害怕做不好……"越说越激动的我忍不住哭了起来。

龚园长耐心地倾听着，"好的，你的想法我知道了，我会再考虑一下，但是不管最后的决定如何，你要知道幼儿园提供了这个机会给你，是因为对你的信任，你也要对自己充满自信哦！"

走出办公室的我长舒了一口气，与园长面对面的坦诚沟通，让原本惴惴不安的我安心了许多。最终，幼儿园尊重了我的选择,这一次,境外部与我擦肩而过。

两年后,我进入乌南的第四年,学期末人事安排时,龚园长再次向我提出了境外部的邀请,这次的我欣然接受。初到境外部,我碰到了许多问题,从中英文翻译到与外教合作沟通……零零碎碎,每次遇到困难时都有伙伴、教研组长、主管的支持支撑,从思路的梳理、方式方法指导,到每一句话具体可以怎么说、如何做……

在境外部的历练中,我的专业能力和面对挑战的心理都有了质的提高,审视问题也有了与众不同的视角。如今兼顾境外小班教研组长、项目组长、团支部书记等职务的我,每天面对着更多的挑战,但如今的我已越发坦然……

团队视角:

境外部是乌南青年教师成长的摇篮,通过全面负责班务管理、家长工作、课程计划的统筹安排,青年教师成长得非常快。虞老师因信心不足感到焦虑并拒绝幼儿园的决定,园部也理解她未做好心理准备的彷徨,并尊重她的个人意愿而做了重新安排。而随着她的成长,在第二次调动中,虞老师欣然答应,并且信心十足地投入到工作中。激发每位教师专业发展的热情,适度给予压力,这也是乌南在教师专业差异化发展过程中遵循的基本原则。

乌南"熊孩子"队

盼盼老师简历:

2014年毕业于华师大学前教育本科,同年入职乌南幼儿园。现攻读华东师范大学学前教育硕士学位。目前任班主任。

盼盼老师自述：

2015年6月，"上海坐标城市定向挑战赛"万众瞩目、粉丝众多，我和乌南幼儿园王老师、钱老师等五位年轻的男教师组成"乌南熊孩子"队，名字是我们自己取的，也反映了我们玩的心态。

好成绩源于好习惯，乌南教研的"行前思"策略被队员们成功运用到了挑战赛之中。正式开赛前，我们开展了小组讨论会，讨论比赛的分工，刘老师说："我有比赛经验，在比赛中可以带领大家"；钱老师说："我熟悉上海交通道路，比赛时我来给大家选择最合理的路线"；王老师说："我体力好，比赛时你们的物品都放我包里，我来背。"正是因为"凡事预则立"的好做法，为后续挑战赛的顺利进行奠定了扎实的基础。

在行前思会议中，我和队员们充分发扬了乌南教师的认真精神。关于赛前的细节准备进行了充分讨论，干粮需要拿多少、衣服怎么穿最合适，大家都准备得一丝不苟，杜绝任何差错。因为平时工作中，在幼儿园整体氛围的熏陶中，大家已经潜移默化形成了这样精益求精的处事态度。

在长达3个多小时的挑战赛中，我们"乌南熊孩子"的队员们互帮互助，虽然任务重、时间紧，全程都在不停地奔跑，但是大家依然互相关心。背着背包的王老师在持续的奔跑过程中，步伐显得有些缓慢了，刘老师主动分担——"你一个人背太累了，我们轮流来背吧"。作为队中唯一一名女生，有时候会跟不上男生的步伐，唐老师发现后，及时鼓励我："加油，跟着我的节奏，我们一起跑"；在持续的奔跑过程中，刘老师步伐显得不那么矫健，钱老师主动关心:"你的脚没事吧? 我们要不要先休息一下?""没事,一点点小伤。"比赛结束后,刘老师才脱下鞋袜,进行伤口处理,我们这才看到,血已经将袜子染红了。

团结一心、共同努力,迎难而上、奋勇拼搏,从 2000 多支参赛队伍中杀出重围,虽然与最高领奖台失之交臂,但是最终也取得了上海市第二名的优异成绩,为徐汇区教育系统以及乌南幼儿园赢得了荣誉,也为乌南的孩子们树立了积极上进的好榜样,家长、教师微信群被我们的优秀成绩而刷屏了。

团队视角:

这次定向挑战赛事,充分展现了乌南幼儿园倡导的"合群、合谋、合力"的园风,青年教师在城市定向越野比赛的结果也印证了乌南所说的"没有完美的个人,只有完美的团队"这句话的内涵。无论是平时的周三教研日、或区内外的教师团队比赛,乌南幼儿园都重视通过团队的力量来齐肩并战,打造最完美的团队。乌南"熊孩子"队也以他们的年轻、激情、创意赢得了社会声誉。

第五节　行动后的成效

2013 年实施课题以来,幼儿园营造了和谐宽松、彼此悦纳、相互支撑、积极向上的工作氛围。作为乌南人的自豪感、责任感、使命感进一步被激发。教师团队合作的意识和能力不断增强,并形成了一支积极向上的团队,同时也促进了开放和沟通、包容和欣赏的教师人际文化的形成。几年来,教师原有的价值动力系统受到冲击,差异化的管理打破了许多幼儿教师原有的心理结构，不同层面的教师都意识到了谁都不可以停步不前。三年来，从职初教师到青年教师，再到成熟教师，面对新的幼儿园发展要求和教师发展要求，"自我更新"正逐步成为大多数教师的内在动力。

一、队伍结构趋向合理

经过历时三年多的研究，我园教师从年龄、性别、教龄结构、学历方面发生了变化，教师队伍结构趋向合理化方向发展。

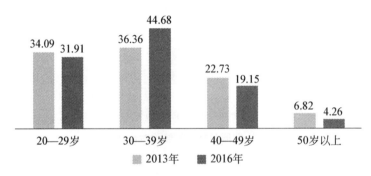

图6 幼儿教师年龄结构对比（%）

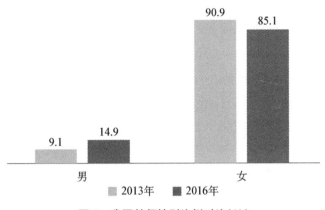

图7 我园教师性别比例对比（%）

图 8 我园教师教龄结构对比(%)

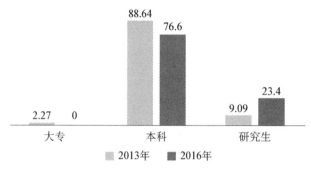

图 9 我园教师学历结构对比(%)

从以上表中可以看出,30—39 岁的教师人数由 2013 年的 36.36%上升到 44.68%,增加了 8.32%,中青年教师成为教师群体的中坚力量;男性教师人数比例也从 2013 年的 9.1%上升至 2016 年的 14.9%,上升了 5.8%,比例逐渐增加;从教龄结构来看,青年教师(教龄 5—10 年)的人数比例从 13.6%上升到 23.4%,增幅为 9.8%。此外,教师学历方面,大专人数降低为 0,研究生学历人数上升,由9.09%上升到 23.4%。

二、专业态度表现积极

通过对我园全体教师、以及外园(一级园、示范园)随机抽样的"幼儿教师职业动机"调查问卷的统计,发现:

1. 我园教师整体从教状态优于他园

表 4 我园与外园教师职业状态的平均数比较

	单位	平均数	标准差	t	P
工作状态	本园	2.00	.920	2.111	.040
	外园	1.50	.607		

由上表可知，我园与外园的教师在从教状态的独立样本 t 检验；P 值小于 0.05 的标准，呈显著，表明在从教状态方面有所差异，我园的教师在从教状态方面得分高于外园的教师。

2. 我园青年教师从教选择与状态与外园一致

表 5 我园不同教龄的教师从教选择与状态独立样本 t 检验

		教龄	平均数	标准差	t	P
本园	工作状态	0—5 年	1.85	.689	−.832	.413

由上表可知，我园青年教师在从教选择与状态上的独立样本 t 检验，P 值大于 0.05 的标准，呈不显著，表明我园青年教师在选择幼教的理由与入职之初的状态与外单位同龄教师无差异。

3. 我园成熟期教师职业积极状态比例明显增高

表 6 我园与外园成熟期教师职业状态对比表

教龄	工作状态		频次	百分数
15 年以上	充满激情	本园	7	50%
		外园	1	16%
		Total	6	

其中从 15 年以上教龄教师从业状态来看，我园成熟教师对幼教充满激情的人数与比例远远高于对照园所同类人群，这也得益于团队实施差异化发展的举措。

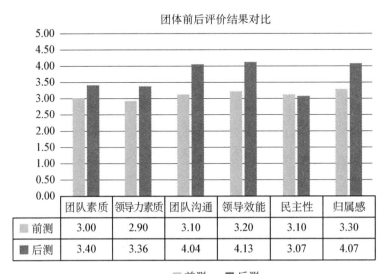

团体前后评价结果对比

	团队素质	领导力素质	团队沟通	领导效能	民主性	归属感
前测	3.00	2.90	3.10	3.20	3.10	3.30
后测	3.40	3.36	4.04	4.13	3.07	4.07

■ 前测　■ 后测

图 10　我园教师团队素养测评对比

此外，如图 10 所示，通过管理、研修、保障和评价的幼儿教师差异化发展体系的实施，我园教师在团队素养方面的发展显著提高，特别是团队归属感有了明显的增强。值得一提的是，教师们对团队中的规章制度、统一思想等做法也予以认可。如："民主性"前后两次测试中，分值基本相同。

三、专业能力有效提升

随着幼儿教师差异化管理、研修、评价、保障的有效实施，教师的专业自主性和自觉性有所提高，专业发展也在园所宽松、包容的文化氛围中主动夯实并提升，各层各级的教师通过各种渠道获得了专业的发展。

表8 我园不同教龄段教师获奖一览表

类别 时间	职初			青年			成熟		
	课题研究	论文发表与交流	教育教学展示与获奖	课题研究	论文发表与交流	教育教学展示与获奖	课题研究	论文发表与交流	教育教学展示与获奖
2013年	0	1	2	0	2	1	2	2	3
2014年	1	1	2	2	3	2	3	1	5
2015年	1	2	3	3	5	4	3	3	5
2016年	1	4	8	5	6	7	5	6	6

从上表中可以看出，不同成长期的教师在三年间，在课题研究、论文发表、获奖方面的成果逐年提升，这也说明教师通过差异化发展，在专业能力方面获得了发展。特别是课题研究方面，由2013年青年教师层面的0人到2015年的累计三项课题，也说明教师追求专业发展的内涵，逐步由"实践型教师"向"实践与研究相结合教师"转变。

第四章

反思：围绕团队与个体的发展

🍃 对教师差异的承认、尊重、开发和利用，是人本主义思想在教师管理中的体现。

🍃 每个教师都具有由工作赋予个人的职能角色和由个人气质、性格所决定的团队角色。同一团队中的教师个体对团队发展产生不同的影响，而同一教师个体也会因存在不同的团队而产生不同的作用。

🍃 以共同发展为愿景，协调团队的包容度与个体的求同度，以实现团队与个体共进的双赢。

第一节　对幼儿教师差异化发展的思考

一、从"求同存异"到"求异存同"的个体发展

差异化的特征不可回避地存在于各行各业、各个领域中，管理中实施的"求同存异"是指根据团队的理念、价值观等需求吸收人才，再使其通过发展提升个体的特长，以达到团队的差异化。而我们所提倡的"求异存同"是指团队中具有差异性的幼儿教师个体，在教育理念、价值观等大方向上达到趋同，体现出团体的个性，发挥团队的优势。

幼儿园教师的"求异存同"差异化发展，作为推进幼儿园教师管理改革发展进程的新视角，其重要性在于即将为幼儿园教师资源开发与管理开辟一条新路径。对幼儿园教师差异的承认与尊重、开发与利用，既是科学管理理念与幼儿园教师管理实践的有机结合的体现，又是人本主义思想在教师管理实际中的有效渗透的召唤，是培养和提高基于各种发展水平的教师，以不同层次地提高幼儿园教师专业素质和专业水平、促进教师专业化成长的有效途径。如：我们在面对幼儿教师的离职率问题是这样思考的，教师们踏入这个领域、因其职务、人生规划和需要会随着时间改变而变化，因此要达成零离职率也是不可能的，关键是确保教师有充足的职业发展机会，获得所需的支援来协助他

们更有效地工作,促进专业发展。

二、打造"实践群"是夯实幼儿教师差异化发展的基础

处于同一团队中的幼儿教师个体由于其差异的存在会对团队发展产生不同的影响。同样,同一个幼儿教师个体往往会因为存在于不同的团队而产生不同的作用。

实践群形式上大体可以分为两类:实体教师实践群和虚拟教师实践群。前者一般指的是同一幼儿园内或同一城市的幼儿教师组织,我园的"项目者联盟"就是实体幼儿教师实践群。后者指的是网络中的广大幼儿教师用户,可以是本校的,也可以是跨校,甚至是异地的幼儿教师用户,都可以在网络的环境下,通过各种通讯手段交流思想经验和分享知识,例如我园不同层级都建立有微信群,包括大教研组群、各个教研组的群、教研组长年级组长群等等。这也是基于"互联网+"时代背景的产物,是幼儿教师专业发展的必选之路。

在"基于优秀幼儿教师团队的差异化发展研究"中,我们发现对"实践群"的整体要求不能轻易放低,专业的底线夯实,才会有创新的高度,从而促进个体教师通过不同形式的"实践群",不断超越自己的原有水平,给工作和生活注入新鲜活力,教育教学工作成为展示自我生命价值的方式和途径,从而最终促进了幼儿教师这个群体的共同发展。

第二节　展望幼儿教师差异化发展的未来

幼儿教师们踏入这个领域时都了解工作的要求,但其职务、

人生规划和需要会随着时代的变化而悄然改变,关键是教师需要获得职业的归属感,获得所需的支援来协助他们更有效地面对时代的挑战。

从 2013 年实施课题至今,我们从来不回避时代变化对幼儿园教师队伍的冲击,具体一览表如下。

表 8　我园教师近三年人员流动一览表

流动原因 时间	辞职回归家庭	辞职出国或选择其他行业等	依然从事幼教		提任
			主动离开	被动离开	
2013 年	1	2	1	1	2(园长、教研员)
2014 年	2	0	1	2	1(园长)
2015 年	2	1	3	0	1(教研员)
2016 年	2	0	1	0	1(副园长)
备注	主动离开后,有三人又选择了辞职选择其他行业。				

从表中可以看到具体流动的原因分为：回归家庭、不适应园所而选择其他园、放弃幼教跨行发展、去民办园获得高薪、为再发展出国留学,等等。这也显示了外部的时代变化所引发的社会价值多元,以及内部的公办体制下,绩效工资、晋升空间等也成为关键影响因素。在实施课题间,周边园所的流动性也如此存在,甚至更高,这也是我们在建设教师队伍中必须直面的问题。

一、关于团队的包容度

在基于幼儿教师差异化发展的过程中,要正确处理好教师之间的价值观多元的现状,处理好人与人之间的包容性问题,对于团队中出现的一些不和谐的声音、个性的行为给予一定的理解和宽容,允许这些个性的行为出现,并给予一定的手段予以引导。

英国管理学家梅雷迪斯·贝尔宾提出的团队角色理论认为每个团队成员都具有双重角色,即工作赋予个人的职能角色和由个人气质、性格所决定的团队角色。在团队中,不同角色有着不同的优缺点,团队中每个角色都是优缺点相伴而生的。由于团队建设和发展的需要,同一个人可能在不同时间扮演不同的角色。但无论是保证团队完成任务的"任务促进角色",还是保证团队团结在一起的"建立关系角色",都是为了使团队取得高绩效。团队精神的实质不是要牺牲自我去完成一项工作,而是要充分利用和发挥所有成员的个体优势去做好这项工作。

营造和谐融洽的团队氛围,不断鼓励幼儿教师认识自我、展现自我、提高自我,才能真正地培养团队的包容度。

二、关于个体的求同度

在幼儿教师差异化发展过程中,要遵守教师的共性和个性相结合的原则,在尊重教师性格、特长、爱好差异多样性的基础上,对幼儿园课程、团队文化具有统一的认识和价值观。在幼儿教师差异管理的过程中,必须看到教师差异情况的极端复杂性、差异性、趋同性并存的特性,正确把握并做到差异性与统一性相结合的原则。只有差异性和统一性有机结合,才能更好地解决教师专业发展的底色和特色的均衡发展问题,更好地解决教师差异发展中所存在的突出又复杂的矛盾,我们试图"还幼儿教师个体发展一个恰当的位置"。因此,通过本研究的开展,我们认为,在幼儿教师差异化发展过程中既理解和尊重教师的个体差异,尽可能挖掘每个幼儿教师的潜力,丰富其个人专业成长的内涵,又兼顾教师群体专业发展需求,处理好教师个体和群体、差异性与统一性之间的和谐共生的关系。

总之,承认幼儿教师专业发展的差异,是尊重每一个教师从不成熟到相对成熟的发展规律,在差异中寻求自身的个性发展优势,是时代和教育发展的需求。差异化发展是让差异变成资源,有效实现了教师个人发展与幼儿园集体共进的双赢,通过优化团队氛围、为个体量身定制阶段性发展规划、改变自上而下的单一指导模式、实施发展性评价等举措,显著提高了幼儿教师职业认同感,也增强了团队的专业实力。由此,我们认为,幼儿教师的差异化发展是促进教师专业成长的一种比较理想的模式。

参考文献

1. 张玉堂,中小学管理新视野——写给 21 世纪的新型校长[M].兰州:甘肃文化出版社.1999,6.
2. 张利,高效管理的 96 条法则[M],北京:九州出版社,2004.132.
3. 吴康宁.教育社会学[M].北京:人民教育出版社.1998.215—221.
4. 刘捷.专业化:挑战 21 世纪的教师[M].北京:教育科学出版社.2002.150
5. 陈永明.现代教师论[M].上海:上海教育出版社.2003.186—188
6. 傅道春.教师的成长与发展[M].北京:教育科学出版社.2003.9—11.
7. 熊川武,江玲.理解教育论[M].教育科学出版社 2005.4.146.
8. 谢进川,关于差异管理的理论探讨,理论前沿[J].2005.23.
9. 曾文祺,健康的差异化管理,中国企业家[J],2003.10.40.
10. 余琛,企业人才差异化管理,中国人才[J],2001.1.41—42
11. 罗祖兵、顾显红,梯度协商:校本教师管理的有效策略,教学与管理[J],2004,5,23
12. 林秋玉,教师管理要"因人而异",教育导刊[J].上半月 2005.6.46—47.
13. 曾福秀,园长应正视教师的个体差异,早期教育[J].2004.1.22.
14. 杨秀玉,教师发展阶段论综述,外国教育研究[J].1999.6.
15. 肖丽萍,国内外教师专业发展的研究评述,中国教育学刊[J].2002.5.
16. 唐玉光.教师专业发展研究[J].外国教育资料.1999,6.39.
17. 申继亮等.关于中学教师成长阶段的研究[J].天津师范大学学报(教育版).2002,3.1.
18. 傅树京.构建与教师专业发展阶段相适应的研修模式[J].教育理论与实践.2003,6.39.
19. 姜勇.论教师专业发展的后现代转向[J].比较教育研究.2005,5
20. 姜勇.严婧.徐利智,国际学前教师教育政策研究[M].上海:华东师范大学出版社,2012

21. 金娟. 成都市小学教师差异化管理研究[D]. 四川师范大学教育科学学院硕士论文, 2008.

22. 李学容, 夏泽胜, 幼儿教师专业发展与制度建设[J]. 内蒙古师范大学学报(教育科学版), 2014.6.

23. 高蕾, 幼儿园差异化教育管理的实践与思考[J]. 江苏省幼儿园园长征文.

24. 张掖, 三管齐下促进教师专业化发展[J]. 甘肃教育, 2014.5.

25. 宁满秀, 吴真凤, 美国高校教师差异化考评及其对我国教师评价的启示[J].

26. 申毅、王纬红, 幼儿教师专业发展[M]. 重庆: 西南师范大学出版社, 2013.

27. 秦虹, 张武升. "互联网＋教育"的本质特点与发展趋向[J]. 远程教育杂志. 2016.4.

28. 张岩. "互联网＋教育"理念及模式探析[J]. 中国高教研究. 2016.2.

29. 林成堂, 江玲. 论教师专业自主权的实践尺度. 华东师范大学学报(教育科学版). 2011.3.

30. 翟艳. 从幼儿教师专业认同看影响教师专业发展的因素[J] 教师发展与教师教育. 2006.11.

31. Ground Water-Smith, Sachs. The activist professional and the reinstatement of trust [J]. Cambridge Journal of Education, 32.3.347.

32. 教育部师范司. 教师专业化的理论与实践[M]. 北京: 人民教育出版社, 2003.3.

33. 赵康. 专业、专业属性及判断成熟专业的六条标准[J]. 社会学研究, 2000.5.30—39.

34. 刘婕. 教学研究与教师专业自主[J]. 当代教育科学, 2005.5.37—40.

图书在版编目(CIP)数据

前行的足迹:基于优秀幼儿教师团队的差异化发展研究/龚
敏编著. —上海:上海三联书店,2018.11 重印
ISBN 978 - 7 - 5426 - 5890 - 6

Ⅰ.①前… Ⅱ.①龚… Ⅲ.①幼教人员－师资培养－研究
Ⅳ.①G615

中国版本图书馆 CIP 数据核字(2017)第 068383 号

前行的足迹

基于优秀幼儿教师团队的差异化发展研究

编　著 / 龚　敏

责任编辑 / 陈启甸　朱静蔚
装帧设计 / 朱静蔚
监　制 / 姚　军
责任校对 / 林佳依

出版发行 / 上海三联书店
　　　　　(200030)中国上海市漕溪北路 331 号 A 座 6 楼
邮购电话 / 021 - 22895540
印　刷 / 上海肖华印务有限公司

版　次 / 2017 年 4 月第 1 版
印　次 / 2018 年 11 月第 2 次印刷
开　本 / 710×1000　1/16
字　数 / 200 千字
印　张 / 12.75
书　号 / ISBN 978 - 7 - 5426 - 5890 - 6/G·1454
定　价 / 38.00 元

敬启读者,如发现本书有印装质量问题,请与印刷厂联系 021 - 66012351